U0933748

绍兴风华·历史文化普及精品读库

主编/杨立平　执行主编/朱文斌

临池挥毫风雅传

康建强　周泽宇　编著

广陵书社

图书在版编目（CIP）数据

临池挥毫风雅传 ： 翰墨丹青 / 康建强, 周泽宇编著. 扬州 ： 广陵书社, 2025. 4. -- (绍兴风华). -- ISBN 978-7-5554-2560-1

Ⅰ. K820.855.3

中国国家版本馆CIP数据核字第20253257SY号

书　　名　临池挥毫风雅传：翰墨丹青

编　　著　康建强　周泽宇

责任编辑　张　珂

出版发行　广陵书社

扬州市四望亭路 2-4 号　　邮编　225001

(0514)85228081（总编办）　　85228088（发行部）

http : //www.yzglpub.com　　E-mail : yzglss@163.com

装帧设计　浙江越生文化创意有限公司

印刷装订　绍兴市越生彩印有限公司

开　　本　889 毫米 ×1194 毫米　1/32

印　　张　8

字　　数　157 千字

版　　次　2025 年 4 月第 1 版

印　　次　2025 年 4 月第 1 次印刷

标准书号　ISBN 978-7-5554-2560-1

定　　价　48.00 元

总序

文化是观察世界的窗口，每一种文化都有其独特的符号、价值和历史。文化是理解自身的钥匙，我们的身份认同、思维方式、行为模式等，都深深打上了文化的烙印。文化更是纵览时空的明灯，它映射着我们来时的足迹，照亮了我们前行的道路。

绍兴是中华文明体系中一个极具辨识度的地域样本，早在近万年前的新石器时代早中期，嵊州小黄山就有於越先民繁衍生息。华夏文明的重要奠基人尧、舜、禹等，都在绍兴留下了大量的遗迹遗存和典故传说。有历史记载以来，绍兴境域和地名屡有递嬗，春秋时期为越国都城腹地，秦汉时期为会稽郡，隋唐时期称越州，南宋时取"绍奕世之宏休，兴百年之丕绪"之意改越州为绍兴，至今已沿用近千年。

绍兴地处长江三角洲南翼，神奇的北纬30°线把绍兴和世界诸多璀璨文明发源地联结在一起。绍兴有会稽山脉南北蜿蜒和浙东运河东西横贯，"从山阴道上行，山川自相映发，使人应接不暇”“千岩竞秀，万壑争流，草木蒙笼其上，若云兴霞蔚”。基于坐陆面海的独特地理环境，越地先民以山为骨为脊，以水为脉为魂，艰苦卓绝，锐意进取，创造出与自然风光交相辉映的壮丽人文景观。

越史数千年，可以说是一部跨越时空的文化史诗，它融合了地域特色、人文特质、时代特征，生动展现了绍兴人民孜孜不倦的热爱、追求与创造，其精神早已渗透进一代又一代绍兴人的血脉中。绍兴文化以先秦於越民族文化暨越国文化为辉煌起点，在与吴文化、楚文化等交流融合中，不断吐故纳新、丰富发展，逐渐形成了刚柔并济的独有特质，这在“鉴湖越台名士乡”彪炳史册的先贤身上得到充分展现：从大禹的公而忘私、治水定邦，到勾践的卧薪尝胆、发愤图强；从王充的求真务实、破除谶纬，到谢安的高卧东山、决胜千里；从陆游的壮志未酬、诗成万首，到王阳明的知行合一、“真三不朽”；从徐渭的狂狷奇绝、独照有明，到张岱的心怀故国、“私史无贰”；从秋瑾的豪迈任侠、大义昭昭，到蔡元培的兼容并包、开明开放；从周恩来“面壁十年图破壁”的凌云志，到鲁迅“我以我血荐轩辕”的“民族魂”，无不深刻展现着绍兴鲜明的文化品格。

“稽山何巍巍，浙江水汤汤。”世纪之初，时任浙江省委书记习近平同志敏锐感知文化对经济社会发展的独特作用，强调进一步发挥浙江的人文优势，把“加快建设文化大省”纳入“八八战略”总体布局。他曾多次亲临绍兴调研文化工作，对文化基因挖掘、文化阵地打造、文化设施建设、文化队伍提升、人文经济发展等方面作出重要指示,勉励绍兴为繁荣和发展社会主义文化事业作出新的贡献。习近平总书记还在多种场合反复讲到王充、陆游、王阳明、秋瑾、蔡元培、鲁迅等绍兴文化名人,征引诗文、阐发思想,其言谆谆、其意殷殷。这些年来,绍兴广大干部群众始终把习近平总书记的深情厚爱牢记于心、见效于行,努力把文化这个最深沉的动力充分激发出来,把这个绍兴最鲜明的特质充分彰显出来,把这个共富最靓丽的底色充分展示出来,不断以人文底蕴赋能经济发展,以经济发展助推文化繁荣,全力打造"人文经济学"的绍兴范例。这种人文、经济共荣共生的特质,正是这座千年古城穿越时空的独特魅力,也是阔步前行的深层动力。

2022年3月,为深入贯彻习近平总书记在哲学社会科学工作座谈会上的重要讲话精神,认真落实浙江文化研究工程实施十五周年座谈会精神,绍兴在全省率先启动"十四五"文化研究工程,对文化历史与现状展开全面、系统、有序的研究。一方面,借此挖掘和梳理绍兴历史文化资源,繁荣和丰富当代文化建设,规划和指导未来文化发展;另一方面,作为中华文化的重要组成,绍兴文化的当代研究是深入贯彻习近平文化思想的生动体现,对推动优秀传统文化保护传承具有重要意义。这是绍兴实施文化研究工程的初心和使命。

绍兴文化研究工程围绕"今、古、人、文"四个方面展开,出版系列丛书,打造浙江文化研究工程的"绍兴样板"。

在研究内容上，重点聚焦诗路文化、宋韵文化、运河文化、黄酒文化、戏曲文化等文化形态，挖掘绍兴历史文化底蕴；深入开展绍兴名人研究，解码名士之乡的文化基因；全面荟萃地方文献典籍，编纂出版《绍兴大典》，梳理绍兴千年文脉传承；系统展示古城精彩蝶变，解读人文经济绍兴实践。在研究力量上，通过建设特色研究平台、加强市内外院校与研究机构合作、公开邀约全国顶尖学者参与等方式，形成内外联动的整体合力，进一步提升研究层次和学术影响。

2023年9月，习近平总书记再次亲临浙江考察，对浙江提出“要在建设中华民族现代文明上积极探索”的新要求，赋予绍兴“谱写新时代胆剑篇”的新使命。站在新的历史起点上，我们期待，通过深化绍兴文化研究工程，进一步擦亮历史文化名城和“东亚文化之都”的金名片；通过集结文化研究成果，进一步夯实赓续历史文脉、推进文化创造性转化和创新性发展的坚实根基。我们坚信，在习近平文化思想的指引下，坚持历史为根、文化为魂，必将能够更好扛起新的文化使命，打造更多中华民族现代文明建设的标志性成果，创造新时代绍兴文化新的高峰。

是为序。

中共绍兴市委书记 施惠芳

2024年8月

序言

杨立平

绍兴，一座拥有2500多年历史的文化名城，承载着厚重历史与璀璨文化，宛如一颗熠熠生辉的明珠，闪耀在江南大地。绍兴的历史源远流长，可追溯至新石器时代中期的小黄山文化。绍兴是古越文化的发祥地之一，其悠久的历史、杰出的人物和丰富的遗存，构成了独特而深厚的地域文化，成为中华民族文明史上一道亮丽的风景线。1982年，绍兴入选国家首批历史文化名城。

绍兴，古称越州。南宋高宗赵构取“绍奕世之宏休，兴百年之丕绪”之意，于1131年改元绍兴，升越州为绍兴府，绍兴名称沿用至今。绍兴自古以来便是人文荟萃之地，这座文化底蕴深厚的城市孕育了无数杰出人物。从越王勾践的卧薪尝胆，到王羲之的书法流芳；从陆游的爱国情怀，到鲁迅的文学篇章；从王阳明的心学思想，到蔡元培的教育改革；还有大禹、范蠡、谢灵运、徐渭、徐锡麟、秋瑾、马寅初、竺可桢……无数历史名人在这里留下了光辉的足迹，他们的思想和成就如同星辰般璀璨，照亮了中华民族的历史天空，也为这座城市注入了独有的精神气质。这些宝贵的精神财富，不仅是绍兴的骄傲，更是整个中华民族和全人类的文化瑰宝。

绍兴，这座充满江南水乡风情的城市，以其丰富的自然景观和深厚的历史文化底蕴吸引着世人的目光，也陶醉了无数游客。以独特的崖壁、岩洞、石桥和湖面景观著称的东湖，拥有王羲之墓、鹅池、流觞亭等历史文化遗迹的兰亭，如丝如缕般倾泻而下、声如雷鸣般震撼人心的五泄瀑布，石窟造像栩栩如生、展现古代工匠精湛技艺的新昌大佛寺，集自然美景、历史文化和民俗风情于一体的柯岩，被列为古代九大名山之首、名胜古迹众多的会稽山，还有古镇名村、台门街巷、古桥庙宇等历史遗迹如珍珠般镶嵌在古城大地……走进绍兴，你可以感受到历史文化的厚重与庄严，同时也能欣赏到江南山水的灵秀与温婉。

绍兴地处吴越之间，曾是越国国都，深受越文化的影响。这种独特的地理位置和历史文化背景，为绍兴文学和艺术的发展提供了丰厚的土壤，孕育了陆游的爱国诗篇、谢灵运的山水诗作、鲁迅的批判现实主义作品，以及王羲之的书法、徐渭的绘画、王冕的墨梅，还有越剧、绍兴莲花落等。无论是文学作品中对家乡山水的热爱和对社会现实的深刻洞察，还是书法、绘画、戏曲等艺术形式中的独特风格和精湛技艺，都展现了绍兴的独特魅力和文化价值。

绍兴，这座历史文化名城，以其深厚的文化底蕴演绎着绍兴的故事和情感，更以其独特的风俗习惯和丰富多彩的特产闻名遐迩。除了“越语轻吟，古韵今风”的绍兴方言、“端午粽香，龙舟竞渡”的端午节、“真君庙会，祈福纳祥”的民间庙会外，还有“黄酒醇香，醉美绍兴”“青瓷如玉，越韵悠长”“臭豆腐香，味蕾奇遇”“香榧坚果，自然之馈”“龙井茶香，山水之间”等。绍兴地道的风俗特产，勾勒着绍兴人的生活智慧和独特的生活美学。在这里，你可以放慢脚步，细细品味那份独属于绍兴的人间烟火，让心灵在古老与现代的交织中得到真正的放松和滋养。

今天，我们从“知人”“识城”“赏艺”“品味”四大系列出发，编撰出版这套《绍兴风华·历史文化普及精品读库》（共 16 本），旨在系统地梳理和展示绍兴的悠久历史和丰富文化。通过通俗易懂的文字和精美的图片，串联起绍兴的历史变迁、文化传承、山水名胜、名人故事、世家文化、成语典故、戏曲曲艺、美术书法，以及物态文化等多个方面，力求为读者呈现一幅立体、全面、生动的绍兴历史文化画卷。

本套丛书具有以下特点：一是全面性，涵盖了绍兴历史文化的各个方面，力求展现绍兴文化的全貌；二是普及性，以简洁明了的语言讲述绍兴的历史文化，适合不同年龄段和文化层次的读者阅读；三是趣味性，通过讲述生动有趣的故事和传说，增加读者的阅读兴趣；四是权威性，丛书的编写依托于专业的研究和丰富的史料，确保内容的准确和可靠。我们相信，通过这套丛书的出版和传播，将有更多的人加入到绍兴历史文化的传承队伍中来，共同为弘扬中华优秀传统文化贡献自己的力量。

最后，我们要感谢所有为本套丛书编撰出版付出辛勤努力的专家和学者们，是你们的智慧和汗水，让这套丛书得以问世；是你们的热爱和执着，让绍兴的历史文化得以更好地传承和发展。我们希望这套丛书能够成为一扇窗口，让读者透过它领略绍兴历史文化的魅力；也希望它能够成为一座桥梁，连接起绍兴的过去与未来，传承和弘扬绍兴的优秀文化传统。让我们共同走进绍兴的历史文化世界，感受这座城市的独特韵味和深厚底蕴。让我们携手共进，为绍兴的历史文化事业谱写更加辉煌的篇章！

（作者系浙江省政府咨询委员、浙江传媒学院原党委书记）

引言

康建强

绍兴，被誉为有骨的江南。一块青石板、一座八字桥和一条绕城的溪水，毫无疑问是她的特色。然而，这些毕竟只是死物，终有一日要腐朽。怊怅述情，沉吟感动，炳炳麟麟，光照古今，唯有人——真正的人可以当之。人杰地灵，彼此涵育。绍兴风骨，其实在兹。而翰墨丹青，作为这些伟大生命内在质素的外显，尤其值得我们回溯和咀嚼。

本书拟对东晋迄民国的十七位书画宗师（主要是书法家）之生平略做解读。对于其中家喻户晓的人物，笔者希望对他们进行再认识，重开已盖之棺，更易不刊之论；对于一些成就虽高而才名未显的人物，笔者则尽力拨去云霾，庶使其重见日月。需要说明的是，由于地域规划的变迁和调整，那些在历史上曾属绍兴，但今天已经划归别处的书画家（如初唐虞世南、晚清任颐等），我们就不列入讲述了。

笔者本着故事新讲而不妄讲的原则，以大量史料作为依托，但又不做年谱式的平铺直叙或者类书体的獭祭堆砌，而是有选择地提炼出书画家一生最精彩、最动人的事迹，分列主题，展开叙述；同时，也兼顾一些民间传闻、地方志书和小说传奇中的相关内容，以求"文不甚深，言不甚俗""多而不芜，少而不亏"的效果。当然，由于笔者学识有限，对于这些要求只可勉力为之。

在简笔勾勒这些书画家生平事迹的同时，笔者试图对一些流传很广的故事进行深层次的逻辑把握，从书中"萧翼赚《兰亭》""陈洪绶的好色与出家为僧"等故事中可以见出。孟子云："诵其诗，读其书，不知其人可乎？是以论其世也。"有些故事本身似乎与书法绘画无关，却或多或少反映了这些艺术大师的人格精神和生活态度。《周易》中说："知几其神乎！"古诗有云："一片花飞减却春。"又云："一叶落知天下秋。"从这些艺术家的生命剪影中瞥见其一生之波澜，从绍兴笔墨丹青之一管窥视整个中国传统笔墨丹青之全豹，于笔者而言虽属不自量力；然而，既然杰出的艺术家确实能够承担起这样的角色和使命，又何况"哲人日已远，古道在夙昔"，那么读者也多少可以在这种写法中窥见笔者之良苦用心。

整个书写过程遇到不少困难。不过，也许是这些鲜活的生命用一涂一抹将艺术的精神穿越时空传递给了受众，因此笔者在写作时常常感到欣喜难抑，如享廿饴。用王羲之的话说，就是"后之视今，亦犹今之视昔，悲夫！故列叙时人,录其所述,虽世殊事异,所以兴怀,其致一也。后之览者,亦将有感于斯文”。如有一二读者能通过阅读受到一点感动或者启发,则于笔者而言,即是功不唐捐。

目录

01 魏晋南北朝时期

02 唐宋时期

03 元明清时期

04　民国时期

后　记

01 魏晋南北朝时期

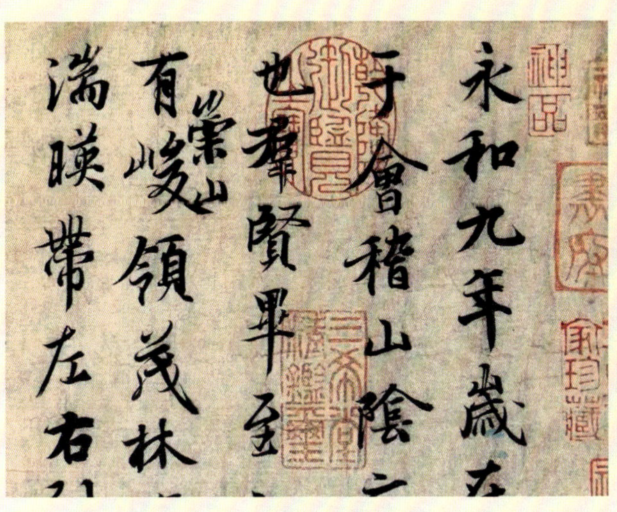

王羲之:萧然自有林下风

中国书法的第一名片必然是王羲之。

直到今天,绍兴还有书圣故里、兰亭等纪念王羲之的风景名胜,这是其他任何地方无法相比的。绍兴这座将传统与现代融合得如此完美的城市总是散发着缕缕笔墨的香气,同时,她也在历史的变迁中展现自己的傲骨。绍兴

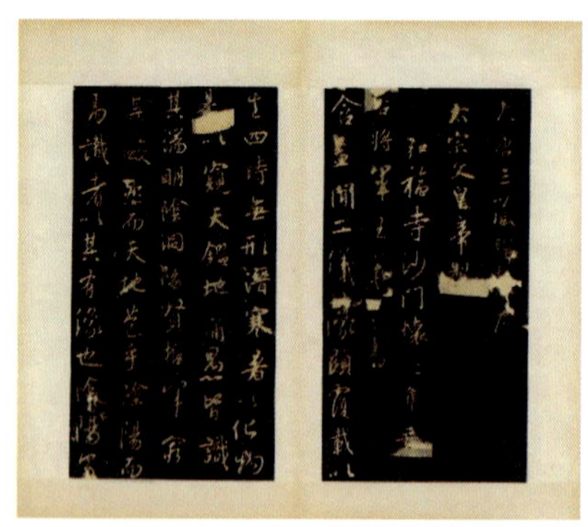

怀仁集王羲之书圣教序

这种独特的文化品位自然离不开那篇著名的《兰亭序》的滋养，当然更离不开王羲之精彩人生的影响。

王羲之(303—361)，字逸少，生于琅琊国临沂县(今山东临沂)。祖父王正，为西晋光禄大夫王览第四子；父王旷，字世弘，为王正长子。相传，王羲之小名於菟，又称阿菟，“菟”是老虎的意思，用今天的话讲，王羲之的乳名就是“虎子”。王羲之一生给中国历史贡献了很多故事，算得上是“话题之王”。

(一)王家的少年才俊

王羲之虽出身于名门望族琅琊王氏，但由于他父亲在王羲之年幼时就去世[永嘉三年(309)，王旷率领西晋军队去救壶关，全军大败后下落不明]，所以王羲之是在母亲和哥哥的养育下长大的，生活境遇并没有名门那么优越，甚至可以称得上穷苦。由于生活所迫，王羲之虽出身名门，但却没有纨绔子弟的习气。少年王羲之沉默寡言，平淡无奇。他虽不太喜欢和别的同龄人闲聊，却有自己钟情的事情——书法。在很小的时候，也就是他父亲还没有出事的时候，他就曾把他父亲视为珍宝的《笔说》偷来读，虽然他父亲觉得这本书并不适合刚起步的孩子学习，但还是拗不过王羲之的执着让他学习了。王羲之热爱书法，并没有因为家庭变故而受到影响，相反，他倒是从书法中找到了极大的慰藉和享受。大概在他七岁的时候，就跟随卫夫人进一步深造书法了。卫夫人，就是卫铄，是王羲之的姨母，她出身于书法世家。她的叔叔卫恒写过中国书法史上现存最早的理论著作《四体书势》。卫夫人很喜欢王羲之这个聪明的学生，不但尽心地教他练字，还常用前人练字的故事来鼓励他。

相传，一次，王羲之问卫夫人："老师，为什么我都练字这么久了，跟钟繇先生和张芝先生的字相差还是那么大？是不是我天资不够啊？"卫夫人看到王羲之急切的样子，就说："孩子，不要急，我先给你讲个墨池的故事吧。草圣张芝为了练好字，天天在自家门前的池塘边蘸着池水研墨练字。字写完了，就在池塘里洗涮笔砚，日子一久，洗出的墨汁把整个池塘都染黑了。后来，他的字越练越好，写的草书笔势活泼流畅、富于变化……"王羲之一边听着张芝的故事，一边想：张芝为了练好字，洗笔砚的水把池塘都染黑了，他下的功夫多大啊！要是自己也像张芝那样刻苦，一定也能把字练好。天资悟性固然重要，但下功夫肯定是前提。从那以后，王羲之练字更加努力了。他也像张芝一样，每天练完字，就到门前的池塘里洗笔砚。时间一长，原来清澈的池塘也变成了墨池。当然并不是真的把池塘的水都染成黑色，只是说颜色发生了变化。后来，王羲之每搬到一处，都要在门前洗笔砚，留下的墨池比张芝的还要多。北宋的文学家曾巩，十分钦佩王羲之的勤奋刻苦精神，特地写了一篇名为《墨池记》的文章来赞颂这件事。后来很多纪念王羲之的地方都会找一方池塘，命名为"墨池"。现在绍兴的书圣故里也有一"墨池"，但这个墨池显然只是

快雪时晴帖

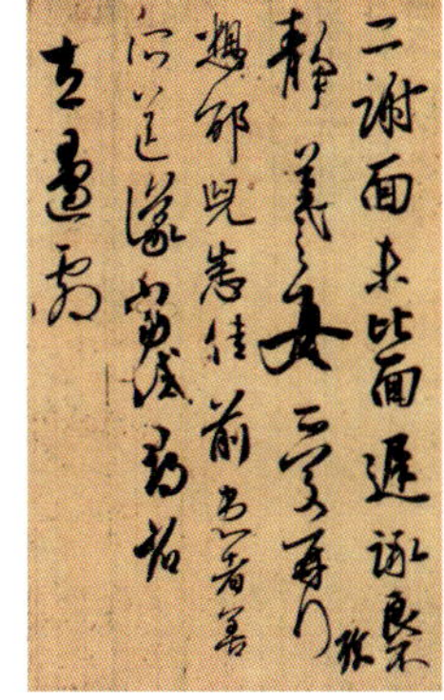

二谢帖

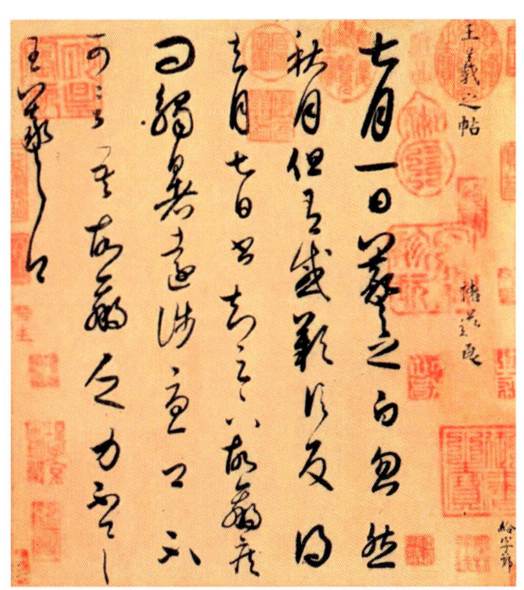

七月一日帖

行穰帖

为了纪念王羲之刻苦写字的精神，并不是当年王羲之留下来的那一方墨池。

卫夫人可以说是王羲之书法的启蒙老师，王羲之的另外一个老师则是他的叔叔王廙。王廙在当时书坛绝对是名家，他擅长各种书体，正书、行书、草书、飞白书等，他比卫夫人的技法更全面。在叔父王廙的教导和督责下，王羲之的书艺也更加全面。王廙和卫夫人都是东汉末书法家钟繇的追随者，因此可以说，王羲之的书法老师远溯是钟繇、张芝，亲授是卫夫人和王廙。

少年王羲之除了书法精进外，他的清谈也绝对算得上一流。在东晋前期，名士们都很喜欢清谈。什么是清谈呢？其实它类似于今天访谈节目中邀请各种名家的演讲。当然那时讲论的主要内容是玄学，就是讨论《周易》《老子》《庄子》等的哲学思想，以及这些哲学思想怎样与人生境界、当下处境相结合。清谈既讲玄学理论，也有人物品评，即对当时圈子里士人的品德、才干、容貌、举止、风度气质等的品评论鉴。这样一讲,我们会觉得那时名士们的思想境界是有一定高度的。王羲之就属于这一类特别会想,而且特别会讲的。这时候的王羲之,和他小时候不敢说、不多说的性格相比,已经有了很大改变。

由于王羲之自己的不断努力,再加上两个同姓长辈王导、王敦的赞誉,他在同辈人中有了显著的名声,他和本家的兄弟王承、王悦并称为“王氏三少”。

(二)不简单的东床坦腹

汉语中有一个非常著名的成语叫“东床快婿”,而且只要稍微对传统文化有点了解的人都知道这个成语的主角就是王羲之。这个故事完整保留在《世说新语》中:

郗太傅在京口,遣门生与王丞相书,求女婿。丞相语郗信:“君往东厢,任意选之。”门生归,白郗曰:“王家诸郎亦皆可嘉,闻来觅婿,咸自矜持。唯有一郎,在东床上坦腹卧,如不闻。”郗公云:“正此好!”访之,乃是逸少,因嫁女与焉。

我们先了解这个故事的情节。郗鉴,也就是“郗太傅”,在当时有很高的地位。他派遣心腹到王导家选婿,王导说:“我的子侄都住在东厢房,你们任意挑选。”门生挑选后回来向郗鉴报告,说:“王家的年轻人都不错,听说选婿,每人都在刻意准备。只有一人,满不在乎,光着肚子在床上睡大觉,好像没听说选婿的消息一样。”郗鉴说:“这个人正合我心意!”后来询问得知,那个光着肚皮的年轻人就是王羲之。郗鉴后来果然把他的女儿郗璿嫁给了王羲之。故事到此并没有结束,后来王羲之与郗璿感情深笃,婚后生下了七子一女,这些孩子很多继承了王羲之的精神品格,成为那个时代很多领域的精英。尤其是最小的儿子王献之,在书法造诣上可以和王羲之并驾齐驱。

“东床快婿”的故事听起来特别浪漫,对于今天的读者也有足够的吸引力,但是也有一部分人从别的角度来理解这次中国文化史上的浪漫相亲。他们认为郗璿与王羲之的婚姻,不仅是才子佳人式的表面浪漫,更有两个家族联姻(郗家和王家)巩固政治地位的世俗现实目的。当然,不管怎样,王羲之和郗璿的相亲在中国文化史上绝对是一段佳话,而且两人的婚姻也没有半路夭折,并且为当时和历史再次贡献了很多话题。

(三)无奈的政治家

由于“书圣”的名号流传太广了,以至于王羲之在政治方面的作为和智慧少有人提及。这也实属正常。时至今天,还有多少人愿意从故纸堆中重新描绘王羲之的政治生涯呢? 即便大家都很熟悉的一个称呼“右军”,也懒得管它是个什么官职,许多人只要知道王右军是指王羲之就够了。这里我们稍微再讲一下他的政治智慧和出处,希望看到一个书法家身份之外的王羲之。

王羲之从政以来做过很多官,其中有三个很重要。一是江州刺史,二是右军将军,三是会稽内史。担任江州刺史，是当时琅琊王氏和颍川庾氏两股政治势力斗争妥协的结果。前面提到，有人认为王羲之和郗璿的结合有具体的政治背景，可以和此处进行补充说明。因为在东晋前期，琅琊王氏，就是王羲之这一“王”，由于对东晋的建立有拥立之功，所以在政治圈中有极大的话语权。作为皇帝的司马睿当然不希望看到王家一家独大，就利用江南旧族庾氏来制衡王家，两家的代表人物分别是庾亮和王导。王羲之在自己家族中声名早著，得到了王导的高度认可，同时在长大以后又曾做过庾亮的幕僚(类似于今天的秘书、参谋)，那王羲之就理所当然成为两派进行沟通的中间人。王羲之在江州刺史任上仅四个月，但这四个月使他对所处的时代有了更为深刻的认识，为他后来的归隐埋下了伏笔。在任江州刺史期间，王羲之看到了更多为了权力相争而显露出的人性之丑。皇权、家族势力和个人权力交织在一起缠

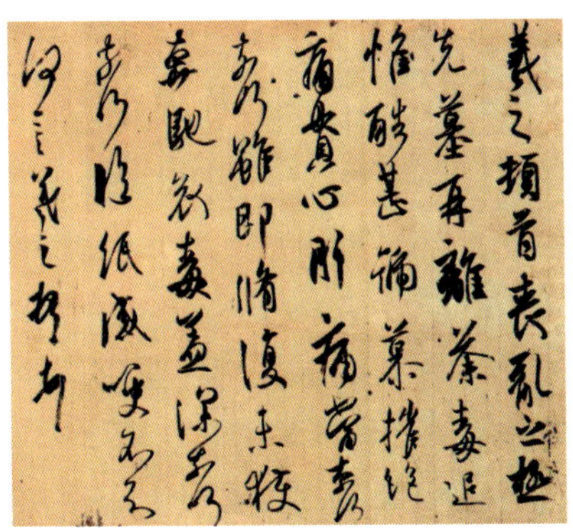

丧乱帖

斗，哪里是王羲之这个深受老庄玄学影响的哲人艺术家所愿意参与的！他原本的政治地位就不高，只能在复杂的环境中做一点稳定局势的贡献，使朝局、社会尽量稳定一点，从而使普通百姓的生活能安定一点。但他却身不由己地卷入各种势力的斗争中，因为亲身体会了各种险恶，所以他四个月后辞官了。后来的陶渊明也是在江州的彭泽县辞官归隐的，这两个文化巨擘的选择竟然不谋而合。

此后几年，朝廷重臣殷浩又来请王羲之做官。这次殷浩想了一个很好的借口，他给王羲之写了封信，信中这样说：

悠悠者以足下出处足观政之隆替，如吾等亦谓为然。至如足下出处，正与隆替对，岂可以一世之存亡，必从足下从容之适？幸徐求众心。卿不时起，复可以求美政不？若豁然开怀，当知万物之情也。（《晋书·王羲之传》）

啥意思呢？就是说：王大人，您是否入仕是政治是否清明的标志。您怎么忍心自己逍遥而不在意这时代的存亡呢？好家伙，这个帽子给王羲之一扣，就是说你必须得出来做官了，否则你可是历史的罪人。王羲之面对殷浩的盛情邀请，想到自己虽然倾心玄学，但关心天下苍生却是不论儒家还是道家都应承担的使命，所以他思虑再三，还是给殷浩回了信。信中王羲之表达了自己本来就没有什么远大的政治理想（“吾素自无廊庙志”），加之年事已高，而且儿娶女嫁，天伦之乐和玄学冥想的快乐足以安慰他的生命，故而真不愿去做官，尤其是朝廷中那些总是要求站队而不做实事的官员。王羲之还说，如果真要他去做官，他宁愿去偏远的西北关陇或者西南巴蜀，这样他反倒能做一些务实的、利于民生的事情。但是不知后来形势被什么力量推动，王羲之还是出来做了右军将军。恰恰是这个他不太看重的官职，竟然成为后人最喜欢称呼王羲之的雅号——王右军。我们看王羲之的作品，几乎没有用官职作为署名的，由此也可以看出他对于为官的基本态度。

王羲之担任的第三个重要职务是会稽内史，相当于今天绍兴地区的行政长官。王羲之担任会稽内史期间，最大的难处就是需要应付殷浩北伐所要求的各种物资。王羲之从内心深处是不认可北伐的，他认为东晋的实力根本不足以北伐，当务之急是偃武修文、宽简施政，这样经济才会复苏，国势才能增强。而殷浩却为了与当朝另外一位大臣桓温争功，坚决要求北伐。国家有战事，那么军需就成为

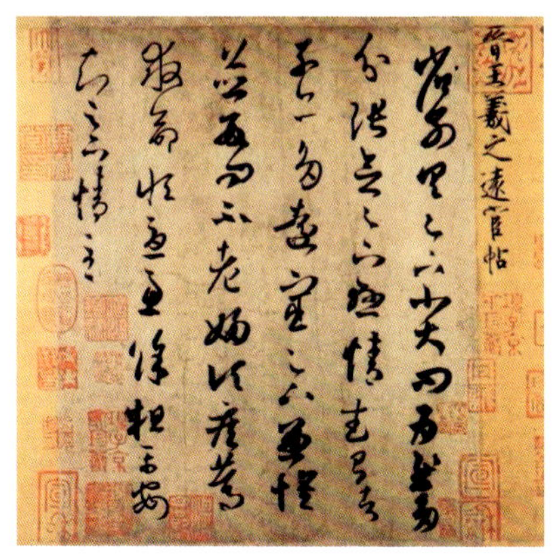

远宦帖

重中之重,王羲之作为会稽郡的长官必须到辖区诸郡督办军粮。他不辞辛劳,风尘仆仆,但每到一处看到的都是一片荒凉的景色。他只能抱着渺茫的希望给当朝重臣司马昱、殷浩、谢尚等进言,希望及时调整战略,免得因北伐将整个国家和人民拖入不可挽回的境地。除了上书以外,他还采取了具体举措来解决实际的问题,那就是禁酒。我们今天的人听起来可能会觉得两者之间距离遥远,无法在逻辑上将他们联结在一起。原来,东晋时期饮酒成风,那些风流名士更是整天烂醉如泥,成为名士的要素是常无事、痛饮酒和熟读《离骚》。饮酒是放浪形骸、恃才傲物的资本,但这种贵族享乐风习造成了粮食的巨大浪费。王羲之在辖区内颁布禁酒令,取得了一定成效。本来王羲之计划把这个禁酒令推行到更多地方,但是终因触动太多贵族的生活习惯和利益而无法实行。王羲之把这个禁酒令和另外一件事放在一起与友人进行了讨论:

吾夙夜忧此,时既不能开仓庾赈之,因断酒以救民命,有何不可?而刑犹至此,使人叹息。

引用这则书信,是因为后来常有人对这个帖断章取义,说王羲之曾经在会稽内史任上开仓放粮。但我们阅读原文就发现,王羲之的意思是,既然朝廷做不到开仓放粮,那么为什么还不把禁酒令严格实施呢?如果禁酒的话,节约的粮食是非常多的。这些节约的粮食能拯救太多的普通百姓。这有什么不合适呢?王羲之秉持着道家"天地之大德曰生"和儒家"为政以德"的原则,履行着自己的政治使命。他这种苦心孤诣的精神和勇气完全和他的书名一样值得史家铭记。宋代著名学者洪迈在《容斋随笔》中就看到了王羲之的这种政治胸怀和仁人之心:“其识虑精深,如是其至,恨不见于用耳。而为书名所盖,后世但以翰墨称之。……则一艺之工,为累大矣。”

身处那个时代的王羲之,努力把自己多元的身份演绎得多姿多彩。

(四)王羲之和王述的官司

不论是历史上还是今天的网络上都流传着王羲之和王述的一场官司,这场官司没有明确的输赢,但似乎更多的人站在了王述一边。我们今天就努力把这场官司再梳理一次,不是要判定输赢,而是要对古人多一份理解。

王述(303—368),字怀祖,出自太原王氏,和王羲之同岁。太原王氏和琅琊王氏原本出于一支,在西晋以前,太原王氏的门第并不比琅琊王氏低。只是东晋建国以后,琅琊王氏的王导、王敦奠定了“王与马,共天下”的格局,琅琊王氏成为无人能比的第一流高门。而此时太原王氏衰落,没法和琅琊王氏相比。据很多文献记载,王述是一个坦率地爱慕钱财并且攫取钱财的人。他的坦率得到很多名士的赏识,但是他的贪财同样受到了更多人的鄙夷。

有一则史料,不妨引用下:

初,述家贫,求试宛陵令,颇受赠遗,而修家具,为州司所检,有一千三百条。王导使谓之曰:“名父之子不患无禄,屈临小县,甚不宜耳。”述答曰:“足自当止。”

王述在担任宛陵令的时候,因搜刮钱财被当时的州司检举的罪证竟达一千三百多条之多,这也真是个奇迹。王导还派人告诉他:“作为名家子弟,这样做太不应该了。”王述很坦率地说:“家里衣食无忧了,我自然就停止。”而此时王羲之正担任临川太守,良好的家庭出身让王羲之洁身自好,积极进取,他在临川时刻苦练习书法,还以“池水尽黑”而蜚声远近。当时大家都称赞王羲之“简贵”——不仅出身名门,而且行为举止也具有贵族的气质。青年时期的王羲之在声誉上远比王述高。

还有一则材料是这样的:

王蓝田性急。尝食鸡子,以箸刺之,不得,便大怒,举以掷地。鸡子于地圆转未止,仍下地以屐齿蹍之,又不得。瞋甚,复于地取内(纳)口中,啮破即吐之。王右军闻而大笑曰:“使安期(王述父亲王承)有此性,犹当无一毫可论,况蓝田邪?”

王述性格急躁,他吃煮鸡蛋时,先用筷子刺;筷子刺不破蛋壳,便一把把鸡蛋都扔到地上。但蛋壳仍然没有摔破,鸡蛋在地上团团转,好像在讽刺他的无能。王述便用鞋子踩,依然无济于事;于是他把鸡蛋从地上拿起来,放在嘴中咬破又吐了。这个鸡蛋吃得真是惊心动魄!王羲之听说这件事后哈哈大笑,说:“王述的父亲王承虽然是个名士,但即使这件事发生在王承身上,也没有丝毫可称道的,更何况是才智更差的王述!”在这里,王羲之毫不留情面,连王述的父亲都一并讽刺了。

从以上两则材料可以看出王述的行为举止与名士大相径庭，而王羲之则是魏晋名士的代表，所以王羲之看不上王述实属正常。这也为后来王羲之得罪王述种下了因。如果两人没有交集，可能就只有王羲之俯视王述了，但是后来两人在绍兴的行动轨迹交织在一起了。

王述在担任会稽内史时，他的母亲去世了，他需要辞官守孝三年，接替他的是王羲之。按照当时的习俗，好朋友

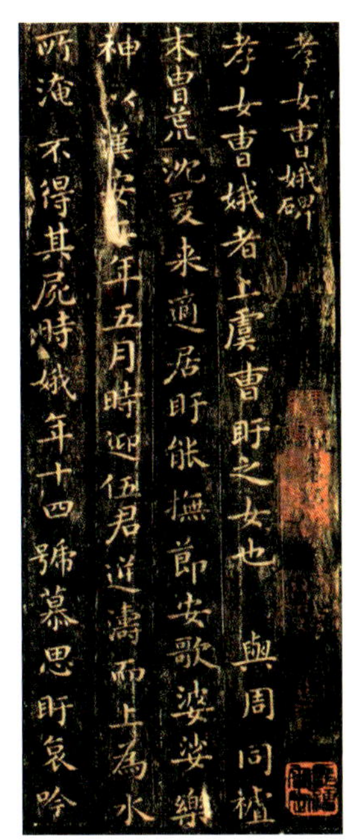

孝女曹娥碑

的至亲去世，作为好友是要多次吊唁慰问的。但王羲之却只去吊唁了一次，而王述却还眼巴巴地期待着王羲之第二、第三次的吊唁安慰呢！他哪里想到很多年前，他就已经给王羲之留下了不好的印象。而王羲之是一个真率的人，当年既然能东床坦腹，此时也就能“止一吊”，就是只吊唁一次。他的人生理想并不是做一个四平八稳、滴水不漏的政客。王羲之怎么也想不到他的这个纯任自然的行为在王述内心深处留下了深深的伤痕，以致后来王述得着机会就展开报复。很多人把这二王的矛盾归咎于王羲之，认为王羲之“止一吊”，做得很不合适。他们认为王羲之这样做是要刻意打压王述，有失德者之风。持这种观点的人显然没有综合考虑王羲之的宗教背景、哲学素养、人格操守等。

王述守孝结束，朝廷对他委以重任，他做了扬州刺史。在东晋，会稽郡隶属于扬州，所以王述这时摇身一变成为王羲之的顶头上司。王述可没有浪费这个机会，首先他针对当年王羲之的“止一吊”，报之以“一别而去”。他检查完会稽郡的工作后，对王羲之冷淡地说了句再见就走了，没有谈到工作的具体情况。所谓用“一别”报“一吊”。“再见”之后并不是就真的没有行动，而是让他的手下对会稽郡的工作严格督查、吹毛求疵，一定要鸡蛋里挑骨头，找出王羲之工作失责的地方。《晋书·王羲之传》这样记载：“述后检察会稽郡，辩其刑政，主者疲于简对。羲之深耻之，遂称病去郡。”王羲之具有“骨鲠”的个性，个性鲜明，人品超迈绝俗。王羲之曾毫不留情地批评执政的司马昱和殷浩发动北伐战争，给人民带来的沉重负担不比暴秦好多少。王羲之连当朝权臣都敢批评，对于王述的刁难当然无法容忍。加之，王羲之对朝政早就失望，并且他本身是用玄学的境界来安顿自己生命的，他向往的是道家思想中与天地相通，最终达于自由永恒的境界。所以他的辞官归隐是各种原因共同促成的。后来陶渊明的归隐和王羲之非常相似。著名的哲学家、美学家李泽厚先生在《美的历程》一书中就高举王羲之和陶渊明为整个魏晋风度最有代表性的人物。

（五）兰亭雅集和《兰亭序》

在绍兴城西南的兰渚山下有闻名遐迩的兰亭风景区，每年都吸引着大批游客前来参观。这里山水秀丽，园林雅致，足以愉悦身心。但是它最有魅力的原因是这里是产生天下第一行书《兰亭序》的地方。

兰亭，相传春秋时期越王勾践曾在此植兰，汉时设驿亭，故名兰亭。在东晋永和九年(353)的上巳节（中国传统节日，从魏晋以后逐渐确定为每年农历的三月三，这一天古人会远足踏青或在水边宴饮，祈求祓除灾异等。后来逐渐与寒食节并入清明节），王羲之在此地邀请好友集会，他们探究玄理，欣赏风景，举觞赋诗。这次偶然的聚会，却成为中国文化史、艺术史上不朽的盛事。当时参加的名士有四十人左右。除了王羲之以外，还有谢安及其兄谢万，王羲之的儿子王凝之、王肃之、王微之、王涣之，郗昙，庾蕴，袁峤之,孙绰等。正如《兰亭序》中所言“群贤毕至,少长咸集”。当然这次聚会的民俗意义已经淡出,其文化意义则非常深远。

以王羲之、谢安为代表的东晋士人陶醉于会稽的青山绿水之中,被此地的秀丽风景所吸引、感发,时候又恰值三月,草长莺飞,树木葱茏,他们的哲思、诗思、情思都氤氲生发。参与盛会的名士们纷纷饮酒赋诗,写下了诗句。如谢安的“相与欣佳节,率尔同褰裳。薄云罗阳景,微风翼轻航。醇醪陶丹府,兀若游羲唐。万殊混一理,安复觉彭殇”,孙绰的“流风拂枉渚,停云荫九皋。莺语吟修竹,游鳞戏澜涛。携笔落云藻,微言剖纤毫。时珍岂不甘,忘味在闻韶”,王凝之的“庄浪濠津,巢步颍湄。冥心真寄,千载同归”……当然这些诗歌肯定无法和我们耳熟能详的唐诗相比,但都是即兴而做,水平高低参差不齐。更为真实的是,有十六人没有做出来,只能被罚酒三大杯了,其中没有完成任务的就有大名鼎鼎的王献之。诗不够,酒来凑。大家写了这么多诗,自然是要出个诗集了,取名就叫《兰亭集》吧。如此盛事,自然需要有人来写一篇序来说明一下情况,这个任务自然要落在召集人王羲之肩上了。王羲之虽然没有被罚酒,但在如此良辰美景、群贤毕至的环境下自然会不自觉地主动饮酒。既然大家都推举让逸少来写,王羲之也就当仁不让,在迷迷糊糊的状态下,用他的鼠须笔,略作思考,写下了下面的文字:

永和九年,岁在癸丑,暮春之初,会于会稽山阴之兰亭，修禊事也。群贤毕至，少长咸集。此地有崇山峻岭，茂林修竹；又有清流激湍，映带左右，引以为流觞曲水，列坐其次。虽无丝竹管弦之盛，一觞一咏，亦足以畅叙幽情。是日也，天朗气清，惠风和畅，仰观宇宙之大，俯察品类之盛，所以游目骋怀，足以极视听之娱，信可乐也。夫人之相与，俯仰一世，或取诸怀抱，悟言一室之内；或因寄所托，放浪形骸之外。虽趣舍万殊，静躁不同，当其欣于所遇，暂得于己，快然自足，不知老之将至。及其所之既倦，情随事迁，感慨系之矣。向之所欣，俯仰之间，已为陈迹，犹不能不以之兴怀。况修短随化，终期于尽。古人云："死生亦大矣。"岂不痛哉！每览昔人兴感之由，若合一契，未尝不临文嗟悼，不能喻之于怀。固知一死生为虚诞，齐彭殇为妄作，后之视今，亦犹今之视昔。悲夫！故列叙时人，录其所述，虽世殊事异，所以兴怀，其致一也。后之览者，亦将有感于斯文。

这篇文章写得情真意笃，朴素自然，并且骈散结合，纡徐有致，不但在东晋文坛独占鳌头，而且在中国文学史上享有崇高声誉。通过这篇文章和兰亭诗，我们今天的人能够看到当时士大夫的精神状态和审美取向。他们没有辜负浙东的山水，用生命去体验并且融入这片美丽的山水中，把哲学的思辨和人生的体验完美地结合，树立了人和自然和谐相处的榜样。按照今天的话来讲，他们是环保主义的先驱。文章在三百余字内，使盛会情景如画卷般展现在眼前，让我们感受到欢乐的气氛。这里山环水绕，林茂竹修，处处生机盎然，这样的山水，正可以涵养淡泊宁静的心性，字里行间无不流露出诗人流连山水的舒心惬意。而这里的宴会也没有纸醉金迷的豪华气派，更多地带有文人娱情山水、放浪形骸的特点，甚至还有幽深清远的林下风流。在这种场合，人们不再受传统礼仪的约束与规范，可以毫无顾忌地坦露真实的自我，这展现了文士们清高雅致的情怀。登高远眺，长天浩渺，俯视山川，处处生机勃勃。王羲之由当下的诗酒之乐，推想到普天之下朋友相处的情境，人生是短暂的，免不了悲欢离合，少不了乐极而悲。他想到孔子说的“不知老之将至”，不禁深沉地感慨道：“死生亦大矣！”人怎么可能“一死生”呢？跟彭祖一样活那么久也只是妄想罢了。人只有勇敢地面对生命的往来代谢才能做到真正的坦然。喜乐、悲苦，就如同自然界的生灭起落，它们都属于自然，认可它、融入它，这样就从有限进入永恒，从艺术走向宗教，从此岸到达了彼岸。这篇序的文意达到了中国文化的最高妙处。当然，它的书法艺术更是为后来人津津乐道。

《兰亭序》被誉为天下第一行书，从产生以来就“圈粉”无数。若说起第一个“粉丝”来，竟然是王羲之自己。因为王羲之写这篇序的时候是微醺的状态，他要同时把内容和形式都兼顾到，真是太难了。所以我们今天看《兰亭序》全文，有几处涂改的地方，苛求完美形式的人可能会觉得白璧微瑕。王羲之在雅集结束后，看到自己写的作品，虽然觉得满意，但是看到涂改的痕迹觉得美中不足，于是重新拿起笔，用最好的墨和最好的纸在最清醒的状态来写，结果呢？我们都知道，王羲之自己也写不出第一次那么神妙的作品，于是他成为这个作品的第一个“铁粉”。他把《兰亭序》作为传家宝留给了自己的后人。当然《兰亭序》后来的命运足足可以写一部长篇小说，这个要等到本书的智永一章再讲。

这次兰亭雅集，可以说是中国文化史上的一件盛事。遥想当年孔子曾经在沂水边有一次小小的雅集，参与者有子路、曾皙、冉有、公西华等，虽然参与的人不多，但是因为有孔夫子参与，在历史上也就有了独特地位。孔子问几位学生的人生志向，轮到曾皙时，他说：“莫春者，春

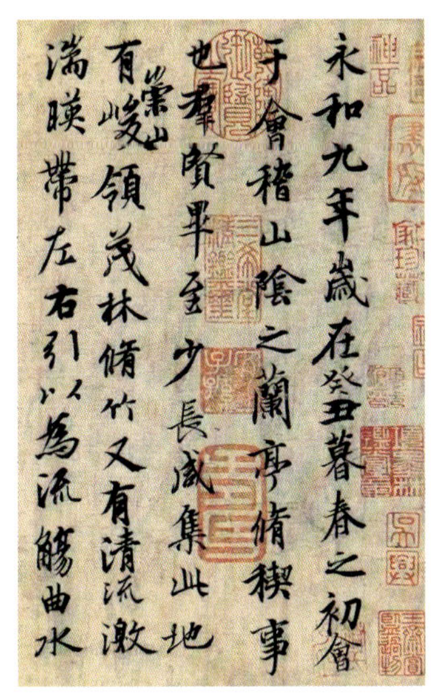

兰亭集序（冯承素双钩本）

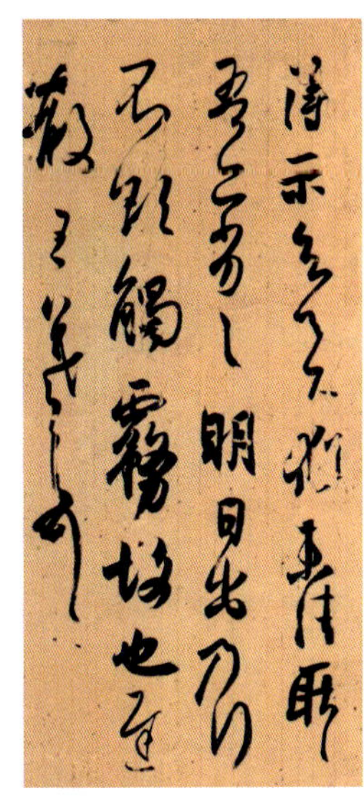

得示帖

服既成，冠者五六人，童子六七人，浴乎沂，风乎舞雩，咏而归。”这种人生态度被孔子激赏，人生有时候就应该如此简单：在自然山水中，风和日丽时，轻松地唱唱歌，随意地舞蹈几下，这是人生的至乐。兰亭雅集时，王羲之肯定也会想起这些吧！兰亭雅集后七百余年，苏轼、黄庭坚、米芾、王诜等人又举行了西园雅集，这大概是对王羲之的致敬吧！

（六）右军轶事三则

第一则：题扇。

若讲起王羲之的故事来，那么题六角扇和黄庭换鹅是必须要讲的。

在今天绍兴的书圣故里，有一个标志性的景点，就是题扇桥。桥边有一组雕像，是王羲之给一个老婆婆在扇子上题字。可见人们非常乐于传播这则有温度的故事。王羲之是书圣，是魏晋玄学的代表人物，是为政一方的长官，同时他更是一个有着热心肠的、善良的人。

故事是这样的：王羲之在做会稽内史时，常常穿着便服（不是官服）去会稽城的各地察访民情。有一天，王羲之到了会稽城最热闹的市场。看着街上熙熙攘攘的人流，听着四处传来的叫卖声，王羲之很是高兴，老百姓难得有这样安稳的日子。他走到一座桥边，看到一个老婆婆在摆摊卖扇子，那扇子有六个角，扇面是雪白的绸子。老婆婆不太会吆喝推销，王羲之看了一阵，她竟连一把扇子都没有卖掉，而且脸上露出失望、着急又不知所措的神情。王羲之走上前去，跟婆婆搭讪道："老人家，您的扇子怎么卖？"老婆婆见有人问价，眼里充满希望，回答道："二十文钱一把，少几文也卖你。"王羲之听了，便向老婆婆要了五把扇子，跑到桥上的一家茶肆里，向伙计借来笔墨，在这些扇面上写下了"清风徐来""惠风和畅""上善若水"等字，并在左边落款署名，然后把它们还给了老婆婆。老婆婆见自己洁白的扇面被这个客人涂鸦了，就忙拉着他的衣袖不放，说："我全靠这几把扇子过日子，你在上面胡乱写了字，我还怎么卖呀？"王羲之见她不懂其中奥妙，就笑着安慰老婆婆说："婆婆不要急，有人来买扇，你只要说是王羲之亲题的，每把售价可达一百文钱！"果然不出所料，一会儿桥上就挤满了买扇的人，老婆婆卖得高价，对王羲之感激不尽。后来，人们为了纪念王羲之的这个善举，便把他题扇的这座石桥，取名叫"题扇桥"。今天题扇桥两边仍然有几家书画铺，它们似乎也想秉承书圣的精神，来为中国书法做一点贡献。

第二则：换鹅。

中国很多书法家都有独特的喜好。比如宋代的四大家，蔡襄喜欢茶，苏轼喜欢肉，黄庭坚喜欢香，米芾喜欢石，而作为他们前辈的王羲之则喜欢鹅。王羲之喜欢鹅，大概是被鹅优雅从容的仪态所吸引吧，毕竟魏晋名士很崇尚宠辱不惊的优雅风度。

当时，山阴城内有一位老太太养了一只大白鹅，这只鹅很会叫，它的叫声比邻居家大公鸡好听多了。周围的人见了这只鹅，总是啧啧称奇，跟老太太说这只鹅如果拿去市场肯定能卖个好价钱。老太太的家人听到大家这么说，就七嘴八舌劝她把鹅卖了来补贴家用。老人家对这只白鹅很有感情，不舍得卖掉，但又拗不过家人，于是她去市场以后就报了很高的价格来卖。本来有几人有意愿要买，结果一听她的报价，就说她穷疯了。到傍晚时，她高高兴兴回家了，因为她保住她的鹅了。王羲之听说了这只鹅和老太太的故事，就想找机会拜访她。这个消息不知道怎么传到了老太太的耳中，她一听到爱民如子的王大人要来拜访，又从侧面听说王大人很爱鹅，就痛下决心、含着眼泪把这只大白鹅杀了，来招待王大人。等王羲之来到她家询问大鹅时，只看到了桌上的大鹅肉。王羲之非常难过，告诉老太太："我喜欢的是那只活生生的大鹅，和您对大鹅的喜爱是一样的。"后来，王羲之找到机会买了另外一只大鹅送给老太太，但老太太却始终无法忘记那只被自己杀掉的大鹅。

相传，山阴城里有一个道士很喜爱书法，他很想得到王羲之的书法真迹，但是总找不到合适的借口去求字。当他听说王羲之喜欢鹅时，他有了主意。他在道观养了一大群鹅，根据王羲之每天出行的路线设计了遛鹅的路线，希望制造一次美丽的偶遇。终于有一天，王羲之与遛鹅道士偶遇了，王羲之被这群生机勃勃、步态轩昂的鹅深深吸引，他忙上前询问道士这些鹅卖不卖。道士说："我养鹅可不是为了卖的,这群鹅就像是我的孩子。”王羲之见状,恳切地说:“我也非常喜欢鹅,但是由于公务繁忙,我自己总是养不好鹅,您看能否卖我几只?”道士一听,回答说:“如果您真喜欢鹅,又养不好它,倒不如这样:我这些鹅,您随时来看,我随时欢迎。免得您买走以后,再把它们养得病恹恹的。”王羲之一听道士如此体谅和有仁慈之心,非常感动,就说:“那我也要放下银子,就当是让您替我养着。”道士接着说:“如果您真的过意不去,您就给我抄一份《黄庭经》吧。我是道士,很喜欢这部书。其实我早就知道您是王大人了,能得到您的真迹是对我最大的奖赏。”王羲之一听,更引以为知己,因为他自己也经常研读这些道教的典籍。此后,王羲之就经常来道观看这些鹅并且与道士聊天,道士也有了王羲之用小楷抄录的《黄庭经》。据说,今天我们所见的小楷《黄庭经》拓本,就是来自当初王羲之给道士写的那一本。

第三则:戒珠寺。

在书圣故里西街有一处醒目的建筑——戒珠寺。据说这座寺庙本来是王羲之在绍兴的别业,但是后来怎么成了寺庙了呢?这里有一个传说要讲一讲。

王羲之喜欢鹅,大家都知道。王羲之还喜欢盘珠子,这里的盘是动词,意思是把玩、摩挲。可能是通过盘珠子能够练习手指和手腕的力量和灵活性吧;也有可能通过盘珠子,能够让王羲之领略更多玄学上的感悟。有一次,王羲之的一个僧人朋友来找他闲谈聊天,这个僧人也喜欢把玩佛珠。他和王羲之都认为,在珠子的品性中能悟到很多人生、自然的道理。朋友离开后,王羲之想要把玩珠子,结果他忘记放哪里了。王羲之就问童仆可曾见到珠子,仆人翻找半天没找到,就问王羲之是否把自己的珠子和僧人的珠子搞混了。王羲之自己也不确定,仆人就自作主张去找僧人询问。本来是无心之问,但是僧人觉得这样的询问难免有对他人格不确信的嫌疑。自此以后,就很少来王家论道了。事后没几天,王羲之养的一只白鹅生病了,我们知道王羲之并不善养鹅,好不容易养活一只,格外珍惜,就请来大夫给看看怎么回事。结果医生来了一瞧,就猜出端倪,说:"王大人,您家的鹅跟您很像呐,也喜欢珠子。"王羲之一听,顿时明白了,原来那串找不到的珠子是被大鹅吞掉了。仆人也为事情水落石出而感到高兴。那位僧人朋友恰巧那段时间生病了,而且病得很厉害,直到很久以后才慢慢康复。后来的好事者就把这两个偶发的事件根据自己的想象联系起来,说僧人是因为被怀疑而内心难过,以致生病而病故。说王羲之无比内疚,为此把这所宅院舍出做了寺庙,就叫戒珠寺了。其实戒珠寺的"戒珠"二字乃是来源于《妙法莲华经·譬喻品》:"若见佛子,持戒清洁,如净明珠。"比喻戒律精洁,有如明珠,而不是王羲之戒除喜爱珠子的嗜好。王羲之作为玄学代表人物,精研玄学,而玄学的理论一部分与佛学相通,所以王羲之与佛教僧侣结成好友实属正常,而他舍别业为寺也合乎他的宗教哲学取向,实在不必非要安上一个僧人被误解抑郁而亡的由头才舍院为寺。

（七）书圣

王羲之还在世的时候，整个社会就对他的书法水平给予了极高的评价，他的今草（由章草演变而来，和今天我们认为的草书有较大区别）、草书、行书、楷书几乎都超越前辈，树立了新的标杆。人们纷纷珍藏他的书迹，把这些都视为传家宝。王羲之同时代的书法家有很多，如王廙、庾翼、谢安、王献之等，那真是一个审美觉醒的年代。在王羲之的时代，有一位朝廷重臣桓玄非常痴迷收藏王羲之和王献之的作品，他运用权力和金钱成为收集王氏父子作品的大家。但这个人后来起兵对抗朝廷，被打败了，在觉得自己大势已去时，他竟然把收罗的王羲之父子的书法作品都投入江中。这大概是王羲之作品流传过程中的第一个劫难。造成第二劫的是王羲之的小舅子——郗昙。王羲之的夫人郗璿很爱这个弟弟，当她知道弟弟是王羲之的“小迷弟”后，也为他的收藏帮忙。有了郗璿的帮助，郗昙自然收集到了非常多的姐夫的真迹。这个小舅子喜欢姐夫的书法到了极致，就是到死也要把这些作品带上。桓玄和郗昙这两个人对王羲之的作品是真爱呀！难道爱到极致就是要与之同存亡吗？

王羲之作品流传过程中有三位帝王做出了贡献。第一位是南朝刘宋的宋明帝，第二位是南朝萧梁的梁武帝。这两位帝王利用皇家资源对王羲之的书法作品进行了收集、整理。第三位则是大名鼎鼎的唐太宗。前两位不用多

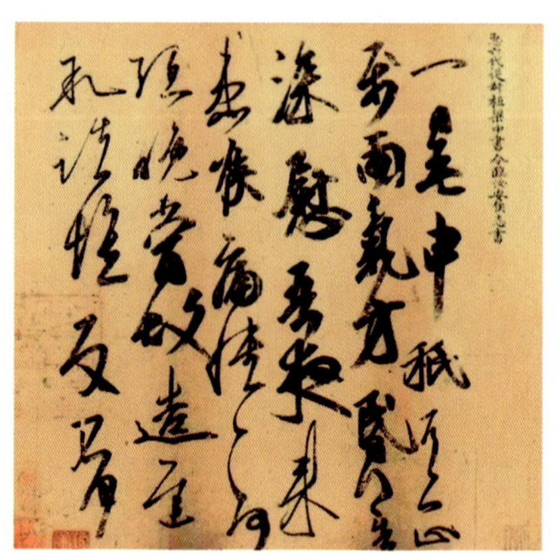

万岁通天帖

说，可能对王羲之也就是普通的喜欢而已，第三位可就不同了。王羲之能独冠“书圣”之冕，跟唐太宗的热爱(超越了喜欢，是真爱，又一个真爱)和大力推举有莫大的关系。唐太宗以帝王之尊为他的书法偶像王羲之加持，亲自撰写了《王羲之传论》：

书契之兴，肇乎中古，绳文鸟迹，不足可观。末代去朴归华，舒笺点翰，争相跨尚，竞其工拙。伯英临池之妙，无复余踪；师宜悬帐之奇，罕有遗迹。逮乎钟王以降，略可言焉。钟虽擅美一时，亦为回绝，论其尽善，或有所疑。至于布纤浓，分疏密，霞舒云卷，无所间然。但其体则古而不今，字则长而逾制，语其大量，以此为瑕。献之虽有父风，殊非新巧。观其字势疏瘦，如隆冬之枯树；览其笔踪拘束，若严家之饿隶。其枯树也，虽槎枿而无屈伸；其饿隶也，则羁羸而不放纵。兼斯二者,故翰墨之病欤!子云近出,擅名江表,然仅得成书,无丈夫之气,行行若萦春蚓,字字如绾秋蛇;卧王濛于纸中,坐徐偃于笔下;虽秃千兔之翰,聚无一毫之筋,穷万谷之皮,敛无半分之骨;以兹播美,非其滥名邪!此数子者,皆誉过其实。

在这篇文章中,唐太宗列举了王羲之之前的大书法家钟繇、张芝和王羲之之后享有盛名的王献之,然后又把他们一起批倒,独推王羲之:

所以详察古今,研精篆素,尽善尽美,其惟王逸少乎!观其点曳之工,裁成之妙,烟霏露结,状若断而还连;凤翥龙蟠,势如斜而反直。玩之不觉为倦,览之莫识其端,心慕手追,此人而已。其余区区之类,何足论哉!

唐太宗把“尽善尽美”这个无上的形容词送给了王羲之的书法。有唐太宗这个“骨灰级的粉丝”造势,再加上王羲之书法本身达到的极高境界,还有他对感情的忠贞,对人和天地万物的热爱,他潇洒的风神,所以后代基本不再争论“书圣”归属。直到今天,稍有文化常识的人都知道“书圣”是王羲之,而不是任何其他书法家。

今天绍兴有书圣故里、兰亭公园、王羲之纪念馆等旅游景点,来自全世界的书法爱好者都可以通过这些景点来纪念致敬这位伟大的书法家。但我们知道,王羲之的精神丰碑是树立在所有热爱书法的习书者心中的。可以这样说,我们每一个人都可以是王羲之纪念馆的一部分。

王献之:不囿家法笔法通

“书圣”王羲之是中国历史上无人不晓的人物,他以一手飘逸的行书闻名于世。如果对王羲之有一定的了解就会知道,他的第七个儿子叫作王献之。

王献之,字子敬,琅琊临沂(今山东临沂)人,东晋官员、书法家、画家、诗人。相比于父亲,王献之似乎“低调”得多。对于不了解书法史的人来说,王献之的知名度远不及王羲之。我们知道有这样一个名字,却很难说出他的生平与成就。

可实际上,很多我们耳熟能详的故事都与王献之有关,比如“管中窥豹”“人琴俱亡”。与王羲之一样,王献之也是魏晋名士中的一个,是后人追慕的“魏晋风流”中的一部分。透过他的故事,我们能看到那个时代的风华。

(一)内敛的名门天才

今天所见的王献之的资料并不多,主要集中于《世说新语》和《晋书》。对王献之的生平进行比较系统的描述的是作为正史的《晋书》。王献之出身于琅琊王氏，即“王与马，共天下”的“王”。在当时看重门第的选官制度下，这样的出身直接为他的仕途铺就了一条平整的大道。《晋书》对王献之的为官经历记载得比较简略，寥寥数语带过。在这条路上，他没有遇到太大的波折。这条为官与参政的道路也并非他人生的主旋律，更多的时候，王献之是作为一位工于书画的名士而存在的。

在王献之小时候，父亲王羲之在书法上的名气已经很大了，年幼的王献之在七八岁时就开始跟随父亲学习书法，并且展现出了极高的天赋。传说，年幼的王献之握笔写字时，王羲之悄悄地走到他的身后，伸手去抽他手中的笔，当时的王献之虽然还处于初学书法的阶段，握笔的手却已经稳定而有力，这一次突然的“袭击”竟没有把笔从他手中抽走。见此情景，王羲之高兴地说：“这个孩子以后在书法这一方面一定能够成才而且知名于世。”

王献之在书法方面的代表作是各类法帖，即承载通讯、吊哀等功能的实用性文字。欧阳修在《集古录》中曾评价这些作品“盖其初非用意，而逸笔余兴，淋漓挥洒，或妍或丑，百态横生”。这些文字并非供人欣赏的书法作品，而是写给某位亲人、朋友，诉说日常生活中的各种事件的。因此，作者在挥笔时就显得随性而飘逸。欧阳修认为，后代的书家可以模仿其笔法，却不可能学得来这种随意带来的美感。当被问及书法与父亲相较如何时，王

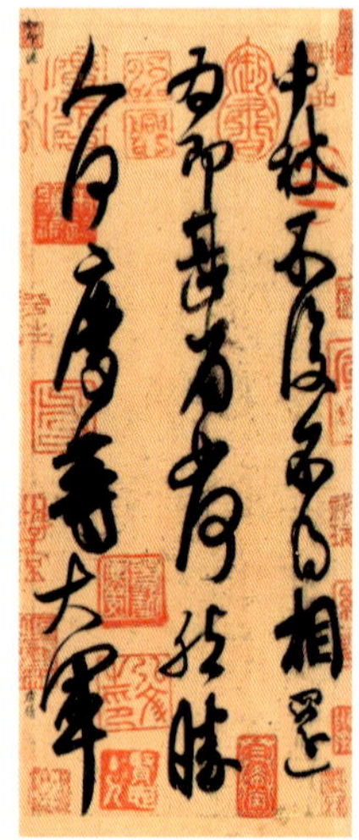

中秋帖

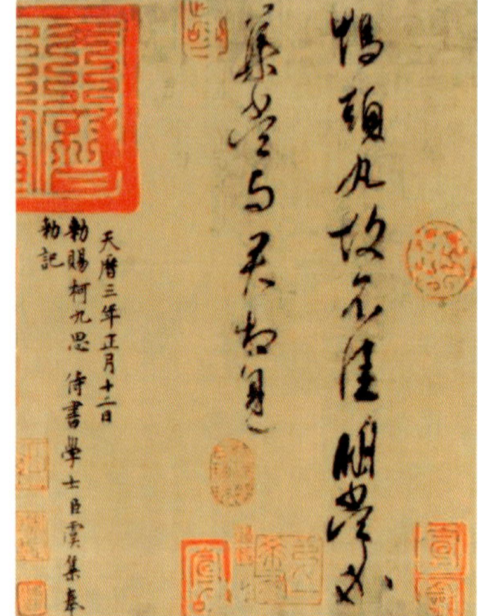

鸭头丸帖

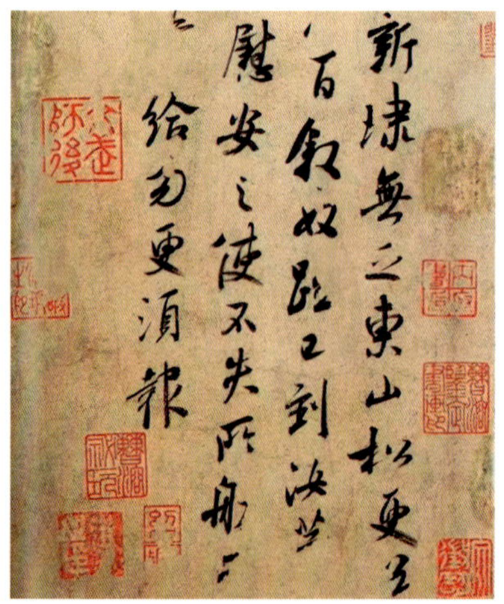

东山松帖

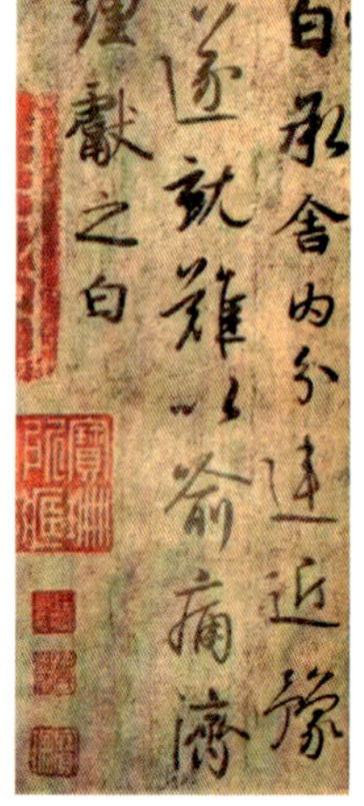

舍内帖

献之回答“自当不同”，认为自己的书法与父亲有差异，而并没有指出高下。《晋书》认为王羲之书法的骨力远胜于王献之，而王献之却更具“媚趣”，这应当比较贴合王献之本人的看法。在这个问题上，对于当时人的评价，王献之直接回答“人那得之”——他们懂些什么呢？从中，也可看出王献之对自己书法的自信和自傲。

除了工于书法外，王献之对绘画同样颇有造诣，《晋书》说他“工草隶，善丹青”。桓温曾请王献之在扇子上题字。古代文人有在扇子上题字的风气，一幅精妙的文字可以使扇子的价值倍增。王羲之就曾为摆摊卖扇子的老人题字，使得她的扇子被抢购一空。王献之这一次收到桓温的请求，自然当场应下。他稍做构思，提笔便写。但是，再高超的书家也会有失误的时候。这一次，王献之虽然同样写得很漂亮，却在落笔时一不小心下错了地方，污染了旁边的字。这幅作品就因为这个失误有了瑕疵。但对此，王献之却没有惊慌，而是稍微观察了一下纸上的墨迹，然后顺着墨迹的形状勾勒几笔，将原来失误的地方画成一匹黑马和一头母牛，原本的瑕疵一下子就成了点睛的妙笔。对于王献之的临场表现，其他人的反应如何呢？《晋书》中只说了“甚妙”二字，再无多余的信息。但是，能够让惜字如金的史书记下这一则故事，留下这两个字的评价，想来，在场的人应当是击节赞叹，称赏这位少年才俊。

除了艺术上的修养，王献之在性格上也显得与众不同。他曾与王徽之、王操之两位兄长一同拜见当时位高权重的谢安。席间，两位兄长侃侃而谈，对当时的政事等话题频频发表自己的意见。只有王献之坐在一旁沉默不语，只是面带微笑，偶尔点头。这次会面中，沉默的王献之得到了前辈谢安的注意。王氏兄弟离开后，周围的人问谢安："您觉得王家的这几位兄弟，谁更加优秀呢？"谢安说："我觉得最优秀的是年纪最小的子敬。"客人很惊讶，不知谢安为什么会选择沉默少言的王献之。谢安继续补充说："所谓'吉人之辞寡'，真正优秀的人言语一定是不会太多的。王献之刚才说话很少，并不是因为没有学识，而是早已成竹在胸却不轻易表露啊！"

王献之这一沉默内敛的性格也体现在永和九年那次著名的兰亭雅集上。在这一次王羲之写下《兰亭序》的集会中，参会者各自即景作诗，写不出诗的人就按照当时的规则罚酒。这一年，年仅九岁的王献之不幸成为被罚酒的十六人之一。但是，当时作诗可以写四言、五言，且以两韵（四句）居多，一首诗不过十六或二十字。这些当时的名士以及聪慧的王献之怎会被区区十几字难倒呢？因此，后人认为，这是因为这些名士"持重自惜"，不愿随意写作而被后人指摘，这才不轻易表露。这与谢安对王献之的评价不谋而合。北宋景祐年间，会稽太守蒋堂曾写诗说："一派西园曲水声，水边终日会冠缨。几多诗笔无停缀，不似当年有罚觥。"同样赞赏王献之等人内敛的态度。当然，毕竟这次集会发生时，王献之只有九岁，他究竟是有意地掩藏锋芒，还是确实力有不逮，正史并没有给出答案，我们所见的只有后人的猜测。但无论如何，王献之沉默内敛的形象总归是深入人心的。

（二）方正简傲的风流名士

在记录魏晋士人言行的《世说新语》中，有不少关于王献之的记载，其中很多也为正史所采信。王献之身上的种种特质，正是人们对于名士的看法和想象。

比如“雅量”这一品格。“雅量”简单地说就是度量大，面对各种突发状况能够泰然自若、临危不乱。这一品格很被当时的人看重，人们会通过一个人是否有雅量来推测人的气度，进而推测其政治才能，区分人物优劣。在《世说新语》的三十六门中，“雅量” 排在第六位，除具有超然

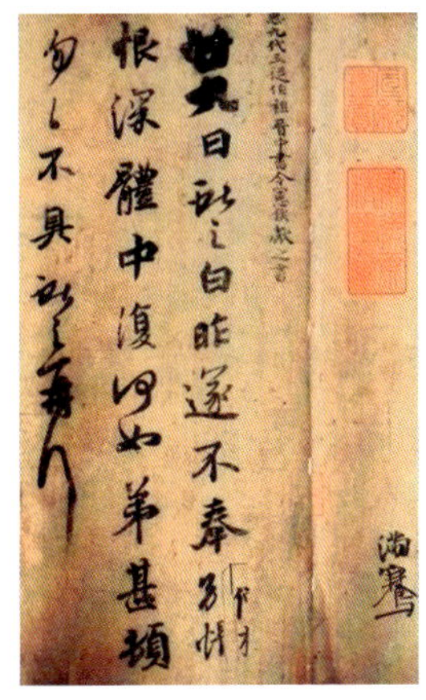

廿九日帖

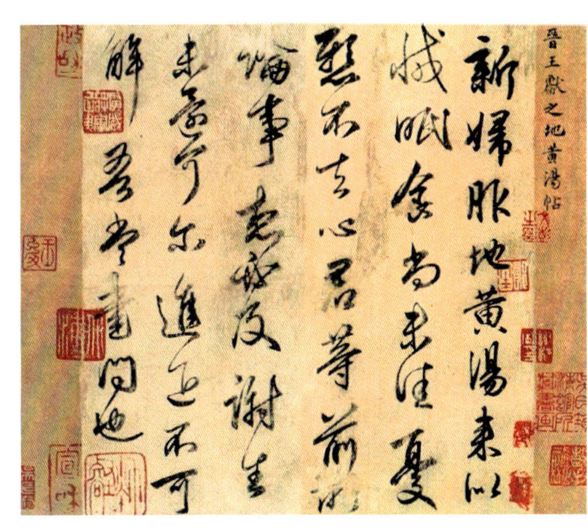

地黄汤帖

地位的“孔门四科”（德行、言语、政事、文学）外，仅次于“方正”。

某天，王献之与兄长王徽之坐在同一间房中，就在两人读书、谈话之际，忽然听到外面有人喊“着火了”，王徽之被吓了一跳，惊慌失措地跑出门去躲避，甚至连鞋子都没有来得及穿上。但王献之却毫不惊慌，不紧不慢地叫来身边的侍者将自己扶出门，全程面不改色。在“雅量”这一方面，王献之显然胜于他的兄长。

在品格与谈吐上，王献之始终演绎着“魏晋风流”。在东晋孝武帝太元年间，太极殿新修之后，需要有人为大殿题写匾额。这是一件非常荣耀的事情。谢安想要将这个任务交给王献之，但他并不清楚王献之的态度，于是便只好旁敲侧击地询问：“魏时，陵云殿的匾额还没有题写，但工匠却已经将它悬挂了上去，难以再取下，便只好让韦仲将站在悬空的凳子上题写。等到写完之后，韦仲将的头发已经全白了，他告诉家中的子弟，以后应当避免这样费神的方法。”说罢，谢安看向了王献之，期待着他的回应。王献之是极其聪慧的，虽然谢安没有明说，他却已经悟出了言外之意。他回答道：“韦仲将是魏国的大臣，怎么会有这样的事呢！假如真的发生这样的事情，那么人们据此也就可以知道魏的国祚为什么短暂了。”听到这样的回答，谢安也就明白了王献之婉拒的态度，不再要求他题写匾额。这件事情见于《晋书》，《世说新语》也有记载，情节稍有不同但大概的意旨无二。王献之为何对题字如此排斥我们不得而知，无论是正史还是笔记小说都没有给出更多的信息。但这一事件被《世说新语》归入“方正”一门，即认为这一事件体现了王献之刚正不屈的品格。《世说新语》编纂的年代距离王献之生活的时代不远，我们可以猜测，编纂者应当掌握着比我们更多、更权威的材料。但经过一千多年的时间，这些材料都已散佚，我们便只好面对着史书中仅存的文字猜测。有人说，这是王献之不愿向皇室折腰，不愿让自己的题字挂在皇家的大殿上。但究竟是否如此，已经无法探寻。唯一可以确信的是，面对当时担任自己长官的谢安，王献之能够坚持自己的态度，的确当得起“方正”的评价。

虽然在这件事上拒绝了谢安的请求，但王献之对于自己的这位长官却是极为尊敬的。谢安对王献之多有赏识，让他担任自己的长史，并且在升任之后仍以王献之为长史。可以说，谢安对王献之有知遇之恩。在谢安死后，对于如何追赠的问题，在群臣产生了异议。王献之上书力陈谢安的品格与功绩，使谢安获得了很高规格的礼遇。

虽然推崇雅量与方正，但东晋毕竟是一个玄风盛行的时代，儒家的独尊地位不再如汉代一样稳固，佛、道观念极大地影响了人们的思想。因此，魏晋名士们时常带有一些不拘世俗、自由自在的性格，时常有很多出格的行为。王献之在路过吴郡时，听说顾辟疆有个名园。他与顾辟疆并不相识，却没有和主人打招呼而直接乘舆进入园中。当时顾辟疆正和宾客、朋友在园中游玩，王献之却

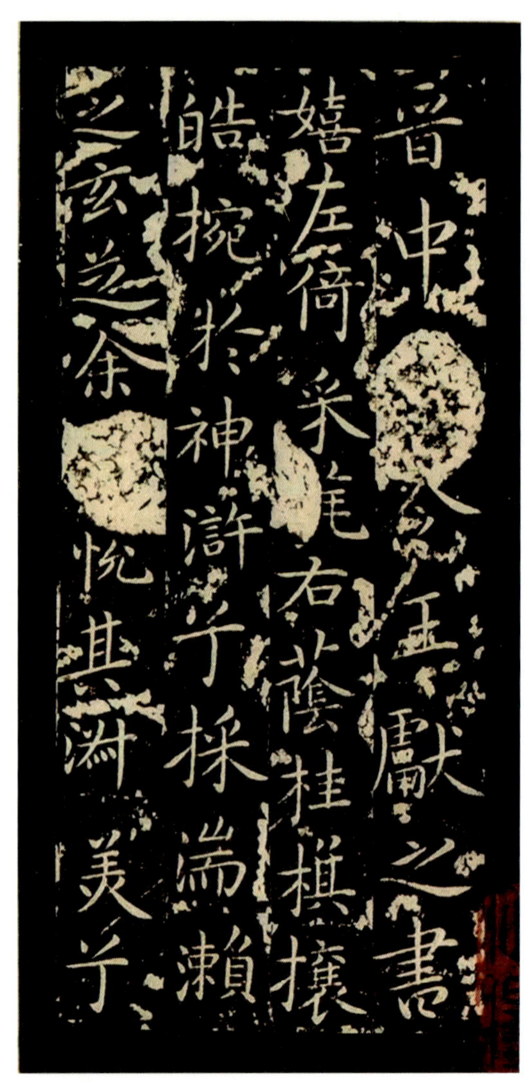

洛神赋十三行

旁若无人,游览结束之后转头便要离开。顾辟疆斥责他说:“你如此傲慢地对待主人,是失礼的行为。因为身份的尊贵就骄矜地对待别人,也不符合道的行为。这样的人只是令人不齿的伧父罢了!”说着就将王献之赶出了门外。但王献之却面色如常,对于斥责丝毫不以为意。

这个故事体现了王献之性格的复杂。从与人交往的礼仪来看,王献之无疑是失礼的。可我们又不能不在某种层面上承认这是汉代经学压抑之后矫枉过正的自由。魏晋的士人们固然有清谈误国、不务实事的一面,甚至王献之的兄长王徽之在担任骑兵参军时,被问到官府有多少马、最近有多少马死去时,闹出过“未知生,焉知死”的笑谈。(见《世说新语·简傲第二十四》)但是,在古代生产力不甚发达、文化教育不甚普及之时,这些物质条件优渥的贵族代替整个社会做出了思想上的先导和探索,构筑了历史上一个沉痛、残忍,却又不可或缺的时代。无论是被人们追慕的风流,还是备受批判的玄虚之风;无论是名士的方正与雅量,还是那些不可一世的简傲,全都纠缠在一起,无法分开。王献之身处这个时代,无论好坏,他都是六朝风流中的一个,是《世说新语》中浓重的一笔。功过是非,留与后世每个人评说。

(三)一段爱情,两段婚姻

对于王献之,人们时常谈到的另一话题就是他的爱情与婚姻。王献之有过两段婚姻,却只有过一次爱情。

王献之的第一任妻子叫郗道茂，出自同是名门望族的郗家。严格地说，郗道茂算是王献之的表姐。在我们今天仍能看到的文字中，王献之称她为“姊”，这是一个非常亲近的称呼。我们已经看不到二人是如何相见相识、耳鬓厮磨的，但透过这个亲昵而温暖的称呼，我们知道，那一定是一段琴瑟和鸣的佳话。

然而，这段美满的婚姻却没有持续下去。就在他们结婚后不久，新安公主也看中了王献之。王献之生得很英俊。有人说，公主是不可自拔地爱上了这位多才的翩翩少年；也有人说，公主是出于政治上的考量，通过婚姻拉拢王献之背后的王家。两种说法都有道理。但无论如何，王献之被迫与公主成婚。

对于这道命令，王献之自然无比抗拒，甚至用艾草灼伤自己的双脚，落下终身残疾，希望以此取消与公主的婚姻。但事与愿违，对方的态度无比强硬与执着，即使王献之已经自残双脚，也依然没改变皇室的旨意，他只能被迫休妻而与公主成婚。王献之终归不是司马相如，不可能一曲《凤求凰》就带着卓文君去当垆卖酒。那个时代，家族的分量实在太重，凡事都必须考虑到家族的集体利益。即使是隐居的谢安，也必须在需要的时候“东山再起”，出来主持局面。在士族与皇权的纠缠中，王献之个人的意愿就显得无足轻重。

与妻子临别时，王献之写下了名为《别郗氏妻》的法帖：“虽奉对积年，可以为尽日之欢，常苦不尽触额之畅。

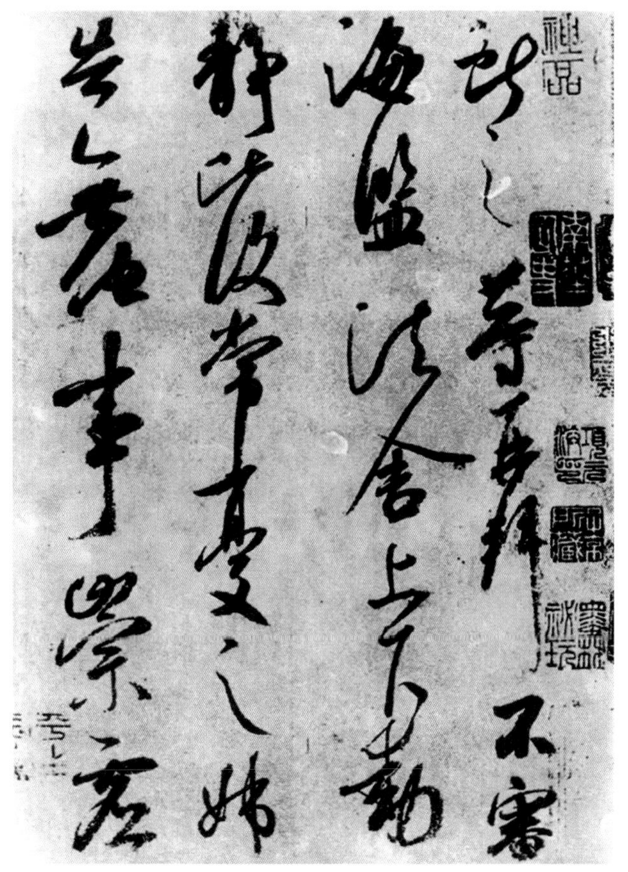

鹅群帖（传为米芾临本）

方欲与姊极当年之匹，以之偕老，岂谓乖别至此。诸怀怅塞实深，当复何由日夕见姊邪？俯仰悲咽，实无已已，惟当绝气耳。”他们曾经一定有过白头偕老的誓言，但最终因为造化弄人，乖别至此。

这些故事不见于正史，我们只好从极其有限的文字中略窥一二。王献之与公主婚后生下一个女儿，名为王神爱，她最终成为皇后。王献之死后，由于皇后父亲的身份，被追赠为侍中、特进、光禄大夫、太宰，获得了“宪”的谥号。如果泉下有知，王献之对此又会做何感想呢？有人说，王献之拒绝为太极殿题字也与这段被迫的婚姻有关，他不愿再为皇家的宫殿题字。

在死前，王献之曾被问到此生的得失。王献之回答：“不觉余事，惟忆与郗家离婚。”这个时候，他引以为傲的书法，他所有的雅量、方正，以及所有的傲气都已经放下，只有离婚一事成了解不开的心结。带着这份遗憾，这位风流名士被葬进土地，也被葬进历史的深处，连同他的作品，等待着后人的发现。

谢灵运:雄心凋萎山水中

在高中语文课本上有一首李白的《梦游天姥吟留别》,其中有一句是“脚著谢公屐,身登青云梯”,相信绝大多数中国人知道谢灵运就是从这句诗的注释开始的。谢公,就是谢灵运,而谢灵运也是绍兴的一个文化名人。今天,谢灵运纪念馆位于温州,但是谢灵运却是实实在在的绍兴人。他祖籍陈郡阳夏(今河南太康),出生于会稽郡始宁县(今绍兴市上虞嵊州交界处)。出身陈郡谢氏,为东晋名将谢玄之孙、秘书郎谢瑍之子。东晋时,袭封为康乐公,世称谢康乐。曾出任大司马行军参军、抚军将军记室参军、太尉参军(以上官职相当于今天的参谋、秘书之类文职)等职。刘宋代晋后,降封康乐侯,历任永嘉太守、秘书监、临川内史。后来在元嘉十年(433)被宋文帝刘义隆以“叛逆”罪名赐死,时年四十九岁。

（一）“谢客”的由来

在东晋，有几个非常有实力的士族，是那时候的四大家族，他们分别是琅琊王氏、陈郡谢氏、颍川庾氏和谯郡桓氏。谢灵运就是谢氏宗族的传人，他的母亲是王羲之的外孙女。这个出身十分显贵，在那个社会仅次于皇室宗族。谢灵运从小就很聪明，深得祖父谢玄宠爱。谢玄曾说：“我自认智力水平正常，怎么就生下了谢瑍（谢灵运的父亲，生而不慧）？更奇怪的是，谢瑍竟然能够生出谢灵运这种盖世天才。”这可能是大家所说的隔代传吧！

谢灵运的出生给这个家族带来喜悦，同时也伴随着不幸。因为当年，他父亲谢瑍就去世了；又过了三年，那个非常宠爱他的祖父也去世了。家里人慌了，他们马上按照当时的习俗，将谢灵运寄养到著名道士杜炅的道观。这一寄养就是十三年。这个杜炅在晋宋之际，甚至在整个南朝时期，都是一位家喻户晓且有相当影响的明星级人物。史书曰：“初，钱唐人杜炅字子恭，通灵有道术，东土豪家及都下贵望并事之为弟子。”（《南史·沈约传》）他曾经预测过王羲之的去世。杜炅为什么会接受谢灵运呢？原来，他有一日梦见有一小孩从东南方来到他的道观。他知道谢灵运的到来正应了他当年的梦。由于这是天意的安排，所以杜炅对谢灵运的抚养非常尽心。钱塘拥江南名胜，年幼的谢灵运客居于西子湖畔山明水秀的自然美景之中，又浸浴于道观的玄妙气氛里，耳濡目染，自然地陶冶出爱好山水风景与自由恣意的性格来。由于家人担忧他不能顺利成长才把他送到此地来,因此,大家对他的关怀和呵护也就特别深,而杜家受托照料这一位贵公子,更是不得不小心翼翼。这时期的谢灵运真可谓天之骄子,接受着金枝玉叶般的待遇,无忧无虑地度过了童年。直到十五岁,家人才把他接回建康。由于从小在外生活,家里的人都唤他"阿客"或"客儿"。这个小名,他后日也曾经用以自称为"越客",而文学史、文学批评史中称他作"谢客"也是由此而来。

(二)徘徊于魏阙和山水之间的诗人

作为名门望族继承人的谢灵运不可能没有政治抱负,但他从小接受的教育却与施展抱负没有多大关系。这可能是造成他人生悲剧的一个重要原因。谢灵运自恃才华绝代,他对两个才华极其自信,一是文学才华,一是书法才华。他的书法被唐代著名书法评论家张怀瓘评为神品,即便我们今天几乎看不到他的作品。谢灵运似乎更看重自己的文学才华。才高八斗,这个成语就来自他的一段话。他曾经说:天下文采如果总共有一石,那么曹子建独占八斗,而他谢灵运占一斗,其他所有人共占一斗。由此可见,他对于自己的文学才华是多么自信。当然由此也可以看出,在他人生价值的衡量中,他更看重的是艺术地位而不是政治成就。

谢灵运成年之后,毫无疑问地被卷入政治斗争中,但是他似乎总对这些俗务没有多大的热情，不论是在朝堂还是在地方，他不但不能恪尽职守，反而总是荒废政务。他把精力主要放在了游山玩水上面。他对绍兴的山水、永嘉的山水可以说是如数家珍。其他地方如临安、金陵、临川的山水，也广有他的足迹。谢灵运游山玩水不是一个人（像明代徐霞客），也不是和少数几个至交（如柳宗元、苏轼），他常常带着数百人登山临水，简直就是组了个团，而且是豪华团。但是这么多的人却只是供他驱使、为他伐木开路的，因此他并没有真正可以共赏的同路人。而勉强能够称为“游伴”的人，也只有堂弟谢惠连。有谢惠连在，谢灵运的才思总是特别敏捷，著名的“池塘生春草，园柳变鸣禽”就是他在梦见谢惠连后有如神助写出来的。这个知己后来与他同一年被杀，似乎也是命运的安排。

作为“职业驴友”的谢灵运还值得称道的就是他发明了曲柄笠和谢公屐。曲柄笠，一种斗状的帽子，有一曲柄垂在后面。戴曲柄笠既能够遮蔽阳光，又不容易被山风吹掉。戴曲柄笠看上去既有樵夫农人的野趣，也有高士名流的雅致。谢公屐，大概与后世的登山鞋相似。它的构造奇特，效用也很奇妙。从外表看来，这种“谢公屐”与一般高跟的木鞋没有什么不同，然而，它的鞋跟却是可以前后任意移动的。所以，当上山之时，便将前面的跟取去，只留后跟；而下山之时，则去除后跟，留下前跟。这样不论上山或者下山，都可以保持身体平衡。这个发明实在巧妙，所以后世就把谢灵运登山专用的木屐叫作“谢公屐”，而李白

《梦游天姥吟留别》中的“脚著谢公屐”就是这种鞋。

谢灵运对山水的兴趣或许也与东晋以来名士们喜欢在山水之间获得道通天地的感悟有关。因为自两晋之交的左思以来,这些名士哲人就认为“何必丝与竹,山水有清音”,就是自然山水之间有着美妙的音乐,何必去听人为加工的丝竹之乐。这种认知到了东晋更成为一种潮流,像当年王羲之组织的兰亭雅集也如此。到了谢灵运这里,更是把这种闲暇的爱好变成职业,谢灵运也成了早期的“专业驴友”。人和自然的双向奔赴带来的后果就是谢灵运似乎

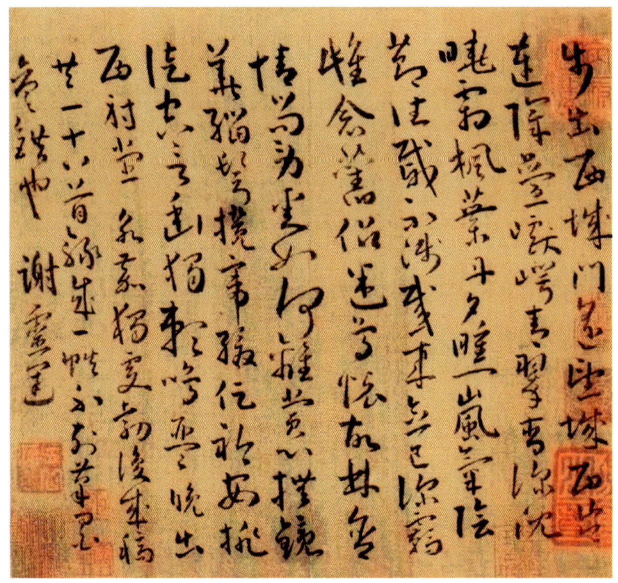

五言古诗

对现实政治失去了本有的热心、耐心和慧心,在政治上显得愈发幼稚和不守规矩。

谢灵运爱好山水也与他的佛教信仰有一定关系。成年之后的谢灵运对佛教有浓厚兴趣。他曾经写了《佛影铭》《辨宗论》等专业的佛学文章。但是当时真正的高僧又不把他引为同道。当时著名的高僧慧远曾经在庐山组织上百名知名佛教人士建斋立誓,结“白莲社”,谢灵运也想参与其中,但是慧远认为谢灵运佛性不纯,用心太杂,拒绝了他的加入。当然我们从谢灵运的行为中也可以看出他并不是一个秉性淳厚的人。因为他早年曾经杀害仆役。我们可以通过这件事,看出谢灵运的性格中狠戾的一面。当年,谢灵运家中有个唤作桂兴的年轻仆役,暗中和灵运的一个爱妾发生了恋情,他们通奸的行为被谢灵运知道了。这对脾气暴躁而又自尊心强的谢灵运而言,自然是不能忍受的事情。他在愤怒冲动之余,竟派下人偷偷把桂兴杀死在一处隐僻的江边,并弃其尸于江流,企图毁尸灭迹。不料,这件情杀案竟被人发现,而且很快地在好事之徒口中传开了。由于此案的主角是谢灵运,所以大伙儿谈论得有声有色,弄得喧喧扰扰,朝野尽知。其实,在当时社会,一个贵族用家法处死一个仆役,也算不得什么大不了的事,国家法律往往鲜少约束。但是如果一定要追究,那么谢灵运是要承担一定责任的。当时的皇帝——宋文帝刘义隆给了他削职的处分。谢灵运是一个沾了人血的杀人犯,当然他的佛性是要受到慧远的质疑的。我们不知道他后来是否有过真诚的忏悔，但至少从这一件事情来看，他无疑是个有罪过的人。

标题中之所以说他徘徊，是因为他对政治始终没有表现出一个名门世家后代应有的成熟与热情。他虽然担任过参军、太守、散骑常侍等之类的官职，但是在任何一个位置上都没有留下值得书写的事迹，相反倒是有很多劣迹。另一方面则是说，他寄情山水始终不彻底，也没有真正信奉佛教。唯一确定的是，他写了很多山水诗，被后世称为山水诗的鼻祖。他写了很多著名的山水诗，比如《登江中孤屿》《石壁精舍还湖中作》《登池上楼》《入彭蠡湖口》等。除此之外，他在历史、书法、地理等领域都有成就。谢灵运在游山玩水期间，写下了《游名山志》《居名山志》各一卷，是地理学领域的重要文献。南朝著名的诗歌评论家钟嵘在《诗品》中将谢灵运列入上品，其根据也是这些曲尽形容的山水诗作。所以谢灵运不是一个政治人物，也不是一个宗教代表，他是一个用文字记录山水之美的艺术家。毕竟魏晋时期是中国文学审美自觉的时期，也是书法审美自觉的时期，谢灵运可以通过他的诗和笔墨达到一种价值的永恒。这可能不一定是他刻意追求的，但历史确实是这样将他定格的。

（三）谢灵运的死

谢灵运是中国文学史和书法史上为数不多的死得不甚体面的艺术家之一。嵇康虽被杀，但是他的风度却因此而更受后人仰慕;王昌龄是被亳州刺史闾丘晓出于嫉妒等原因杀害的;颜真卿就更不必说,他的死是大义凛然、为国捐躯,体现了孟子的舍生取义的精神。唯独我们谢灵运的死却真的没有什么光彩。谢灵运死亡的深层原因是他的个性、宗教背景等与政治现实的矛盾;直接原因则与两个人紧密相关,这两人就是刘义康和孟𫖮。

谢灵运退居绍兴上虞时,孟𫖮正任当地的长官。谢灵运知道孟𫖮笃信佛教,但悟性不足,相信渐悟说,就尖酸刻薄地取笑他:"想得道,必须要有慧根。你嘛,死自然是比我早,但成佛肯定比我晚。"孟𫖮愤恨不已,两人结下了梁子。又一次,谢灵运与老朋友孔淳之等人在野外饮酒正酣,到尽兴处居然裸身大呼,乐不可支。孟𫖮身为郡守,听说这事后觉得有违礼教,派人去劝阻。谢灵运却直接大骂:"我们自己唱歌大叫,关你们这些白痴什么事!"直接将孟𫖮派来的人呵退,狂欢如旧,完全不把郡守放在眼里。谢灵运在家乡居住期间,不但喜欢游山玩水,还特别喜好改造园林,动辄带着童仆数百人,声势浩荡,大兴土木,甚至还想填湖造田。其实谢灵运的始宁庄园已经很大了,包括两山一湖,但是谢灵运不满足,还要继续扩张。这种行为甚至影响到了当地百姓的生活。这当然会被会稽郡守孟𫖮所阻止。他迅速上奏朝廷,奏告谢灵运虐待百姓,聚众生乱,有造反的嫌疑。其实从今天的角度看,谢灵运的这种行为确实是藐视国家法度,破坏一方治安,在这一点上孟𫖮并没有诬告之嫌。但是说谢灵运想造反，就是想要直接致谢灵运于死地了。皇帝向来最担心的就是底下的人造反，对于这种罪名，一般是宁信其有不信其无的。谢灵运也知道“兹事体大”，不敢掉以轻心，迅速写了表明心迹的《自理表》，说明自己绝无造反之意。还好，当朝皇帝刘义隆对谢灵运体恤有加，了解谢灵运只不过是放浪不羁，绝不至于造反，不但没有降罪，反而命他到江西临川上任了。

谢灵运到了临川之后，一如既往地荒废公事，穷极游览。这引起了部郡从事郑望生的注意。部郡从事相当于中央派在地方的监察官，他们负责将州郡长官的行为报告给中央。郑望生将谢灵运的这些行为添油加醋地汇报到朝廷后，当时掌权的是宋文帝刘义隆的弟弟——司徒刘义康，刘义康想借此树立自己的威信，立刻就派遣使者率领一部分军队去临川抓捕谢灵运。谢灵运听到风声后，竟然先行把郑望生抓了起来，并且指挥部下拒捕。当然，我们知道他根本不是禁军的对手，很快就被击溃抓获，押送京城。我们不知道为什么这一次谢灵运如此冲动，居然对抗朝廷的军队，这种行为必然是无可饶恕的。当他被押赴京师后，刘义康坚决要求处决他，但是宋文帝仍旧念及谢灵运祖上的功德，判谢灵运流放岭南。其实刘义康在此之前就已经将谢灵运放在自己的敌人名单里了。因为之前谢灵运曾作过刘义真的参军，刘义康一直看这个弟弟刘义真不顺眼，所以作为刘义真参军的谢灵运也自然不受刘义康的待见，甚至刘义康随时想着除掉这枚棋子。当然最终还是按照宋文帝的意见处置了。

在谢灵运流放岭南途中,官府抓住了一伙打劫的强盗。强盗供述,是谢灵运出钱雇佣他们在半道埋伏营救自己,但是事情没有成功,返乡途中断了粮食,只好沿途打劫为生。事情真假难辨,刘义康揪住此事大做文章。在既定事实面前,宋文帝也无可奈何。公元433年,谢灵运终被判决弃市(弃市就是在人群聚集的闹市对犯人执行死刑,以示为大众所弃的刑罚),当时谢灵运49岁。在临死时,谢灵运还写下了《临终诗》:

龚胜无遗生,李业有穷尽。
嵇叟理既迫,霍生命亦殒。
凄凄陵霜柏,纳纳冲风菌。
邂逅竟无时,修短非所愍。
恨我君子志,不获岩上泯。
送心正觉前,斯痛久已忍。
唯愿乘来生,怨亲同心朕。

诗中他写道:自己的君子之志在山水林泉,而他也早就想将心交给佛教信仰,希望来生不论亲友还是仇敌都能够不再计较,同心向佛。可能在最后的时刻,谢灵运也想到了他曾经杀死的桂兴,想到被他桀骜不驯行为所压迫的很多人,所以他在创作《临终诗》时反而是冷静温和的。

相传,谢灵运临刑前留下遗嘱,将自己的胡须(谢灵运生前很爱护自己的胡须,被称为“美髯公”。这是文美髯,武美髯是关羽)舍给岭南祇洹寺作维摩诘菩萨佛像的胡须。寺里僧人一直小心地保护着,代代相传,不曾损毁。到了唐中宗时,安乐公主在端午节这天应景从俗,要玩斗百草的游戏。所谓斗百草,就是广搜奇花异草,以品种最多、样式最美者为胜。公主别出心裁,命人驰驿马前往广州,将谢灵运的胡须作为珍异之物取了来。斗草本用不了几根,但她怕自己的奇思妙想被别人学了去,于是命人将所有的胡须全部剪弃。自此,谢灵运的胡须便从世上消失了。

智　永:传承祖风退笔冢

每年春天的江南都是最美的。这一种美是历史与现实交织在一起的惝恍迷离的美,正如杜牧诗中所写:“千里莺啼绿映红,水村山郭酒旗风。南朝四百八十寺,多少楼台烟雨中。”南朝的古寺在江南烟雨中,显得格外幽深和富有诗意,位于绍兴东南的云门寺就是这其中非常有代表性的一座寺庙。这座寺庙寺因为智永、辩才、倪云林等书画巨擘的栖止优游而更富有文化底蕴。这里要讲的是智永禅师和他的徒弟辩才以及虞世南的故事。

智永,凡是熟悉中国书法史的人对他都不陌生。他是王羲之的七世孙,是王羲之第五个儿子王徽之的后人,本名王法极。他活得很久,经历了南朝的齐、梁、陈和后来的隋。可以说,他是连接东晋与唐代书法的桥梁。

(一)书名满天下

前面讲到智永是王羲之第五个儿子王徽之的后人,虽

然王徽之的书名不如他的弟弟王献之，但那也是和王献之相比逊色，比一般人还是好很多的。智永作为王羲之的后

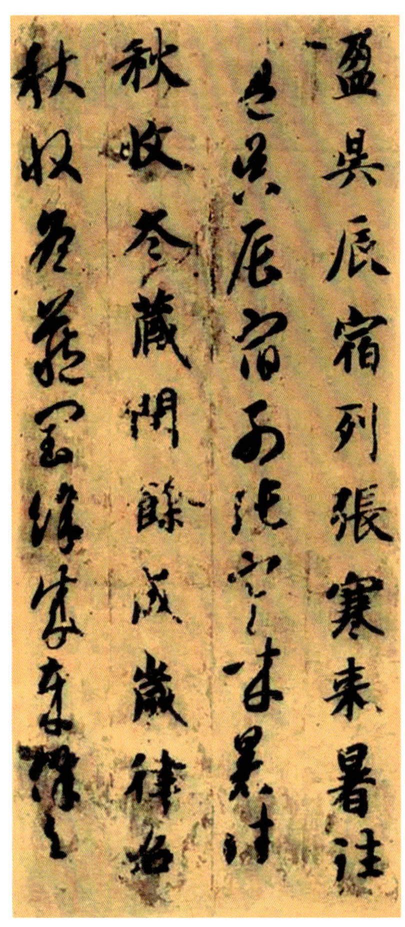

真草千字文墨迹本

人，继承了家族擅长书法的传统。智永为什么会成为“永禅师”呢？他为什么不在红尘世界求取功名、娶妻生子呢？智永没有给我们留下描写他心路历程的文字记录，也没有什么访谈记录留下来。我们只能猜测可能与时代背景、家庭背景和个人天性有关。南朝是一个非常崇信佛教的时代，智永的祖先王羲之对佛教也颇有好感，所以智永受佛教思想影响很正常。可能智永也像王羲之一样，认识到世家的荣华转眼成空，他所追求的是悟得无上菩提，进入不垢不灭之境，于是才舍家为僧。家里还有一位侄儿也对佛教很有好感，他和智永一起出家为僧。当时的皇帝梁武帝萧衍知道了这件事后大加赞赏，并且御赐叔侄二人出家的云门寺为永欣寺（智永侄子的名字为惠欣）。智永出家为僧后，一方面精研佛法，不但度己，更为度人；另外一方面继续勤习书法。他的佛法由高僧传授，书法则由萧子云传授。

萧子云虽是当时的皇室之后，但他所传的书法却是王羲之的家法，而不是萧氏书法，虽然梁武帝萧衍的书法在书论著作《书断》中也是被列为妙品的。萧子云书法的师承关系是这样的：王羲之传王献之，献之传其外甥羊欣，羊欣又传王羲之从兄王洽的四世孙王僧虔，王僧虔再传萧子云。所以萧老师是脉络清晰的王门嫡传。智永跟随萧子云学习书法多年，深得萧子云的真传。

永欣寺有一座小楼，在偏院的茂林深处，智永在永欣寺最喜欢这个小楼。在这里，智永深居简出，潜心钻研佛法与书法，通《般若》《法华》诸经。每天的早课一结束，他就磨上一大盘墨，一边回忆老师教授的笔法，一边练习，笔墨伴着晨钟暮鼓，从未间断。当时中华大地上，南北方都很不安宁，政治家、权谋家轮番上场，闹得民不聊生，社会已经不像东晋时安稳了。智永想着，用佛法来度众生，完成宗教使命；用书法来推广文化，完成文化使命。他在永欣寺的小楼习字，一不小心就过了二十年，寺庙外已经由齐到梁，而他自己则心灵澄澈，笔法日益精微。

二十多年里，他很少下楼出寺，笔墨成为他最好的伴侣。砚台都被磨穿几方，而他写秃的笔更是堆积如小山。

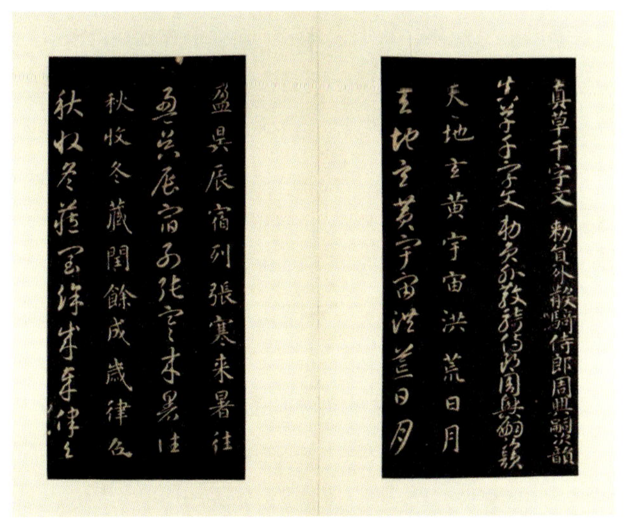

真草千字文关中本

写得无处可写的纸都焚烧了祭奠仓颉，而写秃的笔实在不忍心丢弃，于是智永就在楼下的竹林深处挖了一个深坑，将这些笔埋起来，上面堆起小小的土堆，命名为“笔冢”。在智永看来，这些陪伴自己度过无数白天黑夜的毛笔就是自己的亲人朋友，它们虽然不能为自己效力了，但是笔杆上仍然有岁月的痕迹和他指尖的温度。今天有的人会觉得智永的行为有点矫情，这是因为这些人很少真正爱过什么人或者物，视世间万物皆为有情的真艺术家当然会有这样的行为。智永有“笔冢”，后来南宋著名词人吴文英有“花冢”。（吴文英著名的词《风入松·听风听雨过清明》写道：“听风听雨过清明。愁草瘗花铭。楼前绿暗分携路，一丝柳、一寸柔情。料峭春寒中酒，交加晓梦啼莺。西园日日扫林亭。依旧赏新晴。黄蜂频扑秋千索，有当时、纤手香凝。惆怅双鸳不到，幽阶一夜苔生。”）到了明代，冯梦龙笔下有《灌园叟晚逢仙女》中秋先的“花冢”；再传至曹雪芹著名的《红楼梦》中有黛玉葬花。这是自古以来艺术家都有的一种痴情。

智永不但用书法抄经，也给前来求字的人写各种吉语。而他也不倨傲，只要来人在永欣寺为佛祖燃一炷香，磕三个头，他就送一幅字。许多人不远千里，也要到永欣寺来请香，为的是与智永见面，求得墨宝。以至于后来永欣寺的住持都不知道这些善男信女到底是来拜佛的多还是来求字的多。因为来人太多，不断地进进出出，把寺庙的木门槛都踩坏了。僧人们想了个法子，用铁皮把它裹起来，当时人称之“铁门限”。智永知道求字的人多了起来，说明社会逐渐安定了，他也就可以更加安心地学佛习字了。

南朝社会人们普遍信奉佛教，去寺庙的人很多，寺庙成为重要的宗教和文化活动场所，智永就想抄佛经以弘扬佛法。那抄什么能弘扬文化、传承文化呢？他经过仔细筛选，决定用抄写《千字文》来践行自己的文化使命。《千字文》是南朝萧梁时代的散骑侍郎周兴嗣创作的韵文。《千字文》不是简单的单字堆积，而是条理分明、通顺可诵、咏物咏事的韵文，其内容涉及自然、社会、历史、教育、伦理等多方面的知识。所选千字，大都是常用字，生僻字不多，便于识读。智永就用真、草两体写了一千多本，从中挑选最满意的八百本，分送给浙东的各个寺院。全帖书法完全秉承了先祖的遗风，右军的方折之笔、大令的长形字态以及点捺，俊美的笔致跃然于纸上。技法纯熟，线条圆劲秀拔，结字秀丽平稳，整体雍容典雅。直到如今，智永的《千文字》墨迹和刻本还被视为学习书法的范本。智永也是第一位通过《千字文》传播书法和文字的书法家。后代的很多书家都继承了这个传统，如欧阳询有行书《千字文》，怀素有草书《千字文》，赵孟頫有行书、楷书《千字文》等。

（二）弟子辩才与《兰亭序》的传播

智永的弟子很多，其中有两个很著名，一个是虞世南，一个是辩才。

虞世南是会稽余姚人，在今天，余姚隶属宁波。这里重点讲讲辩才的故事。辩才和虞世南都师从智永学佛学、书法。后来虞世南离开永欣寺去红尘摸爬滚打了，辩才则一直留在智永身边。智永看辩才心性笃实善良，就把祖传的宝物《兰亭序》（至于《兰亭序》为什么没有在王献之一脉，我们就不得而知了）在临终前交给辩才保管了，并且嘱咐他要把这个书法作品传承下去。辩才把它当作至宝，在方丈房间的梁上凿了一个洞来收藏《兰亭序》，世人难得见到。

当时社会已经由陈入隋，又由隋入唐了，当时的皇帝是号称千古一帝的唐太宗。唐太宗非常喜爱王羲之、王献之父子的书法，据说共搜集二王真迹三千六百件。遇有闲暇，就和宰相魏徵及虞世南等讨论二王书法，魏徵说："右军活着时，最喜欢《兰亭序》。臣听传言说，现今《兰亭序》藏在永欣寺的辩才处。"太宗惊奇地说："真有这回事？朕虽已广收王羲之书法，但没有《兰亭序》终究是个最大遗憾。不知这消息是否属实，如果属实，朕倒是真想一览《兰亭》风采。"魏徵说："臣听说，辩才把《兰亭序》看得比他的

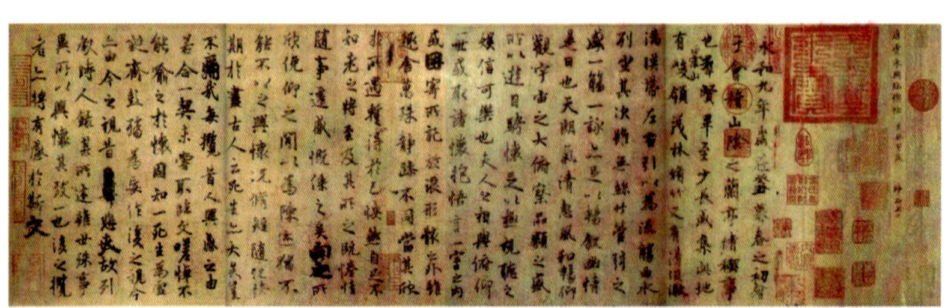

虞世南摹兰亭序

性命还重要,不知我们能否有此机缘。”

唐太宗抱着试试看的态度,下了一道圣旨,召辩才和尚到长安,故意拿假的《兰亭序》给辩才看。辩才告诉太宗说:“我祖右军的这篇序共三百二十四字,这幅应该不是真的。”太宗恳切地问:“那真的在哪里,不知大师可否知道。”辩才看太宗想套自己的话,立刻说:“我师智永曾说,他家祖传的书法真迹很多,只是已在战乱中散失,《兰亭序》更是不知所终,今日再也看不到了。”太宗没办法,只好留下辩才,秘密派人搜查,结果只得到智永写的真草《千字文》。不久,辩才假托有病,又回到永欣寺。

太宗三番五次派人多方打听,辩才始终小心翼翼,对各种人都守口如瓶。唐太宗就想,不如集思广益,看大臣们有什么好的主意,就召集大臣商议。宰相房玄龄向唐太宗推荐御史萧翼,说此人家学渊源深厚,书画双绝,且极善应变,一定能完成任务。于是唐太宗召见萧翼,将这件任务交给他。萧翼对唐太宗说:“臣定当尽忠竭智完成使命,不过请求陛下先给臣三帖二王的真迹,以便见机行事。”

萧翼脱下官服,换上青色的长衫,装扮成一个落魄的书生,带着三帖二王的真迹,随着游客,搭船到了浙江永欣寺。萧翼为了使自己看起来真的落魄,饿了好几天,背了个包袱就进了永欣寺。在古代社会,寺庙有类似救济站的功能,读书人如果没有盘缠了,常常能在寺庙得到基本的补给。僧人一看这个年轻人如此羸弱,赶紧让他饱饱吃了几餐。待到气色渐好以后,萧翼就在寺庙的题诗壁上题了几首诗。有一天，辩才路过，看到壁上新题的诗，就问小沙弥是什么人题的。小沙弥就讲寺里新近来了一位落魄书生，辩才在小沙弥的带领下去见了萧翼。辩才觉得这位书生气概非凡，于是询问他的情况。萧翼谎称自己准备赴京投奔亲戚，并且说自己的书法来自家传。两人初见面就谈得很投机，辩才把萧翼请入方丈谈论佛法、书法。两人越谈越有兴味，辩才于是命沙弥取出自己珍藏的酒来招待萧翼。喝酒后，萧翼的话就更多了，他们谈文论诗，辩难佛理，切磋书艺。二人年龄相差虽大，但是却一见如故，觉得相见恨晚，直到清晨，萧翼才离开。

辩才经过一段时间，觉得这个年轻人气质高华，议论精妙，甚至很多观点都和他的老师智永相似，他断定书生绝非凡俗之辈。于是辩才就悄悄调查了书生的来历，才知道原来他是唐太宗派来的人，辩才当然猜到了他此行的目的。再详加查访，他也知道了萧翼正是智永的老师——萧子云的后人。他没想到唐太宗如此渴望得到《兰亭序》。想到智永师父离去时的嘱咐，一定要将《兰亭序》传给有缘人、真正热爱书法的人，他就向他的师兄虞世南打听唐太宗是什么样的人，他是否真的热爱书法，以及他是不是一个兼爱万物众生的人。很快智永就得到了答复。虞世南把他对唐太宗的认识非常细致地写信介绍，并告诉辩才，唐太宗亲自为《晋书·王羲之传》做了赞，称赞右军书法是“尽善尽美”。辩才又考虑到萧翼领皇帝之命办事，如果办不好定然会有危险，思索了很久，才想好怎么做。

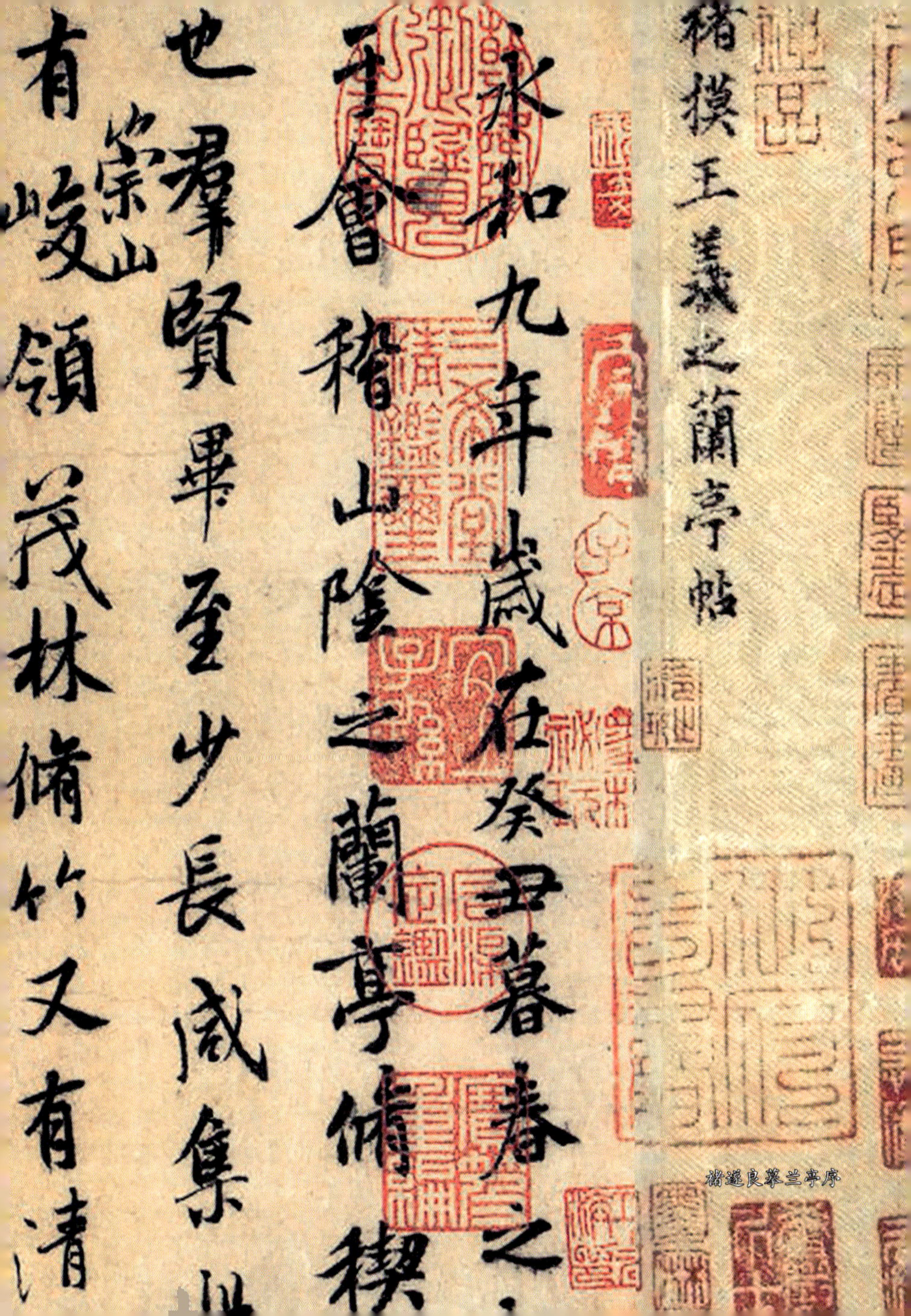
褚摹王羲之蘭亭帖
永和九年歲在癸丑暮春之
于會稽山陰之蘭亭脩禊
也羣賢畢至少長咸集
有崇山峻領茂林脩竹又有清
褚遂良摹兰亭序

故事继续进行：

这样来来往往过了十多天，萧翼跟八十多岁的辩才老和尚十分熟悉了，几乎无话不谈，变成了知己。有一天，萧翼故意逗老和尚说："家父很喜欢二王的书法，收藏了不少二王的真迹；我从小就跟随家父练习二王的书法，现在虽然流落他乡，但还是把二王真迹带在身边，舍不得出卖。"老和尚一听到二王的真迹，劲头就来了，问他现在是不是带着。萧翼说搁在寓所里，明天可以拿来给老和尚看。

第二天，萧翼果然带着几张王羲之的墨宝去见老和尚。老和尚端详了好半天，才对萧翼说："这几件东西，假倒不假，只不过不是王右军最得意的作品。"萧翼故意不肯认输，说老和尚不识货。老和尚笑了一笑，对萧翼说："年轻人，你太自负了！我比你痴长几岁，见的世面远比你多。就拿我收藏的东西来说，可比你这几件强多了。"萧翼追问老和尚，收藏的是什么帖？老和尚回答："《兰亭序》。"萧翼听了，哈哈大笑，说："老和尚骗人，《兰亭序》早就在兵荒马乱中烧毁了，现在哪儿还有《兰亭序》？老和尚就是有，也一定是假的，绝不是真迹！"这一激将，终于把老和尚激出了口风。辩才对萧翼说："这是王氏门中的传家之宝，一代传给一代，绝不会有半点差池。我的师父智永禅师是王右军的后代子孙，他在临死的时候，千叮万嘱地传付给我，怎么会有假？你不信，明天来，我拿给你看！"萧翼一听，立刻说："那弟子今晚要焚香沐浴，等候惊喜了。"

第二天，萧翼按时前往，辩才亲自登上木梯，从屋梁上的小洞里把《兰亭序》真迹取了下来，给萧翼看。萧翼当然没有话说了，就故意把他带来的那几件二王真迹放在老和尚那里，请老和尚随时比较参看。

从此以后，老和尚就把《兰亭序》和萧翼拿来的几件二王墨宝一齐放在书案上，没事的时候，就翻出来看看。同时，老和尚对萧翼也很放心了，让他自由来往；老和尚的徒弟们，对萧翼也另眼相看，大家都把他当作朋友看待。有一天，萧翼得知辩才要离寺去办点事，就趁机来到辩才的方丈室，对老和尚的徒弟说，有两本书搁在师父的屋里，要取回去看。那些徒弟们看到萧翼是来惯了的熟人，就叫他自己去取。萧翼就老实不客气地把老和尚当作宝贝的《兰亭序》和他带来的那几件墨宝，包成一包，大大方方地拿走了。

萧翼将《兰亭序》交由驿站，快马加鞭，送到京城长安。唐太宗得到《兰亭序》的真迹以后，非常高兴，把萧翼升为员外郎。辩才得知萧翼拿走《兰亭序》后故作惊慌，但不久就恢复平静。他的徒弟们都纷纷议论，说师父的修养果然不是常人能比的。

唐太宗得到《兰亭序》的真迹以后，就请内廷供奉汤澈、冯承素、诸葛贞、赵模等人各临数本，分送给太子、亲王及亲近的大臣。其中尤其以冯承素的双钩最为逼肖。唐朝的大书法家褚遂良和欧阳询也都有临本，可是他们自成一派，不拘泥点画。后世称褚遂良临的叫“唐绢本”，欧阳询临的叫“定武本”,二本都刻成石碑,存留在皇宫内苑里,民间的拓本很少。至于王羲之所写的《兰亭序》真迹,传说唐太宗在临死的时候,留下遗命放在棺材里陪葬。从此,王羲之平生最得意的杰作就永远埋在黄土里,人间再也看不到了。但是《兰亭序》到底是流传开了,它从王家走到皇家,又走到了千万家;从东晋流向了唐代,流向了宋代,流向了当代;从王徽之、智永、辩才、唐太宗流传到了我们每一个书法爱好者的手里,这可能更符合王羲之的期待吧!辩才也用他自己的方式完成了智永师父对他的托付。

02 唐宋时期

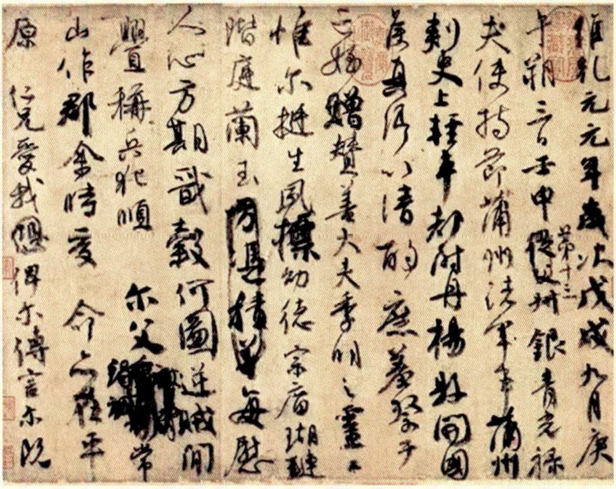

贺知章:红尘归来一仙翁

寒雨绵绵落在“千秋楼”上,“怀贺亭”前的池水荡起绿波,游人叩开木门,拜访一千多年前的越地故人。

贺秘监祠,位于越城区劳动路北侧,系后人为纪念贺知章而修建。明永乐中,此处曾建明真观。1937 年,在贺知章四十一世孙贺扬灵的倡议下,地方政府于此处重修了贺秘监祠。2001 年,贺秘监祠又重新修建。修建后的贺秘监祠占地面积 1500 平方米,祠内有崇贤堂、千秋楼、怀贺亭等,为仿唐式建筑。

公元 744 年,大唐正是物阜民安的天宝盛世,远在浙江绍兴的镜湖,依旧波澜不惊地荡漾着一汪春水。官至秘书监的贺知章在辞官还乡的道上,被儿童追问从哪里来,写下那首传颂千古的《回乡偶书》。

(一)贺知章与浙东唐诗之路

贺知章(约 659—744),越州山阴(今浙江绍兴)人,一说越州永兴(今浙江萧山)人,唐代著名诗人、书法家。字季真,一字维摩,晚年自号四明狂客,又自号秘书外监。

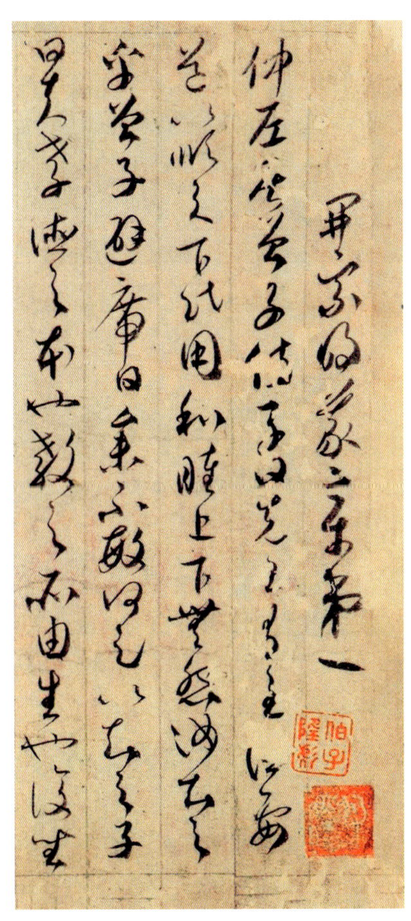

贺知章草书孝经

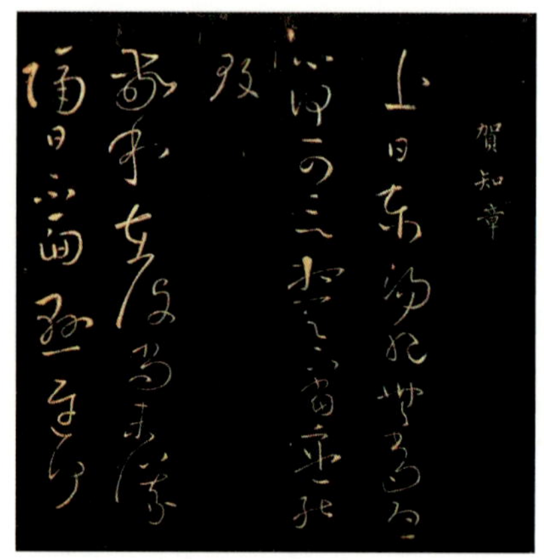

东阳帖

贺知章于唐高宗显庆四年(659)出生于越州,其一生都处于唐朝繁荣昌盛的时段。他的传奇是无数士林中人艳羡却无法复刻的,那是段天时、地利、人和共同造就的大唐佳话。显赫的仕途与朝廷荣宠,遍及四海的朋友与疏狂洒脱的文学作品,让贺知章成为盛唐时代的文化标杆之一。他唤李白为“谪仙人”,成就“金龟换酒”的佳话;写得手好书法,可“与造化相争”;晚年归山阴为道士,唐玄宗命百官饯行,应制奉和作诗者甚众;舍宅为观,与稽山镜水长伴,双鬓斑白但越地乡音依然。

天宝二年十二月(744 年 1 月),贺知章病中梦游帝居,数日后方才醒来。于是上书请为道士还乡,玄宗念其年老,答应了贺知章的请求,并将镜湖剡川一曲(周宫湖)赐予贺知章,作为放生池。天宝三载(744) 正月五日,玄宗命皇太子携文武百官在长乐坡设宴饯别贺知章，李适之、李林甫等人纷纷赋诗，玄宗本人也有诗相赠。贺知章在暮年登上了自己的人生巅峰。

浙东诗路，源远流长。早在晋宋时期，兰亭挥毫的王羲之、东山高卧的宰相谢安、寄情山水的谢灵运等一批有影响力的文人开始在浙东山水之间穿梭探寻，留下了诸多佳话，成为浙东唐诗之路的源起。到了唐代，作为“诗路人文地标”的贺知章，对浙东唐诗之路的形成与传播有着重要作用。稽山、镜水是浙东唐诗之路的核心区域，也是贺知章以道士身份归老的地方。镜湖在隋代以前被称为长湖、大湖、南湖等，尚未有“镜湖”之说。贺知章笔下的“唯有门前镜湖水，春风不改旧时波”二句，让世人记住了绍兴有这样一个碧波荡漾的美丽湖泊。越州的清秀山水吸引着贺知章，而贺知章作为此地的人文地标亦吸引着后世无数诗人慕名前来，为浙东唐诗之路增光添彩。

贺老遗风在稽山、镜水间穿越时间的长河，使一代又一代人慕名来到古老的越州大地。唐代诗人追慕前贤，忘情于山水，这与浙东唐诗之路的形成有着密不可分的关联。翻阅一部《全唐诗》，我们会惊奇地发现，除了绍兴本土诗人贺知章，“诗仙”李白、“诗圣”杜甫、名士朱放、“诗王”白居易等人，都对浙东这一片风光情有独钟。他们或受到贺知章及晋宋风流人物的感召，或被稽山、镜水、耶溪等美景所吸引，相继踏上这片神奇的土地，共同推动了浙东唐诗之路的形成与兴盛。

（二）书家贺知章

贺秘监祠的第一进为崇贤堂。“崇贤堂”三字是由著名书法家沈定庵先生所题，有崇尚贤德、贤能之意。堂中的贺知章雕像，由上海油画雕塑院王大进教授所作，两侧现设“大唐风流贺知章”展。第二进为“千秋楼”，根据绍兴历史上公立祠堂的基本格局复原。千秋楼的东侧为怀贺亭，是典型的江南庭院建筑。假山、小桥、绿柳、荷池融为一体。

一位庞眉皓发、步履蹒跚的老者，写下《回乡偶书》，这是大部分人对贺知章的印象。事实上，这只是他人生中非常短暂的片段，他大器晚成，完成了非常精彩和了不起的一生。

他为人放达，不仅善诗，而且善书，《宣和书谱》评价他“能文、善草隶，当世称重”。作为诗人的贺知章，家喻户晓，但其书法也独具特色，长期以来，其书名被诗名所掩，鲜有人知他在当时是与张旭齐名的、赫赫有名的书法家，与怀素、张旭并称“唐草三杰”。他们是盛、中唐时期最具有创新意识和时代精神的杰出书家。

贺知章唯一存世的真迹为草书写就的《孝经》，全卷洋洋洒洒、纵横恣肆，充分体现了盛唐书法的浪漫主义气质。他的草法受张芝、智永、“二王”等人影响，笔法丰富而自然，墨色枯润调和，字字激荡多姿。

据《绍兴书画史》介绍，绍兴城东南有会稽山，山北翼东向分称宛委山，为古道家第十洞天——天帝阳明紫府。宛委山腹中山腰间兀生一奇石，上贯索痕三条，人见而怪之，以为石自海中飞来，故谓之“飞来石”。石周三面有山土相拥，惟南侧势如斧劈，昂首壁立，呈一高4米、平宽9.8米、上倾下敛之崖面。崖面上镌满自唐至清代摩崖近30帧，为绍兴境内单体面积摩崖密度最高之处。众多摩崖中，当数唐贺知章《龙瑞宫记》最负盛名，1963年被浙江省人民政府公布为首批重点文物保护单位。《龙瑞宫记》处飞来石崖面之中心部位，周刻线框。框高76厘米，宽69厘米。文为楷书阴刻，12竖行，满行15字，字径3.5厘米。该摩崖署名“秘书监贺知章”，题名《宫记》，实为《龙瑞宫管山界至记》，或《龙瑞宫至山界记》，现习称《龙瑞宫记》。

（三）两处住宅

天宝三载(744)，贺知章回到山阴后，《新唐书》说其“以宅为千秋观而居”，“又求周宫湖数顷为放生池，有诏赐镜湖剡川一曲”。可见贺知章还乡的住所应该有两处：一处为“千秋观”（不久更名为“天长观”），实际上就是他原来在山阴的旧宅，这是他正式的住所；另一处为“镜湖剡川一曲”，又称“周宫湖”，是玄宗赐给他的放生池，为别业。

根据宋嘉泰《会稽志》卷十三的记载：“唐贺秘监宅，在会稽县东北三里八十步。”从方位来推算，其位置正好在今天劳动路贺秘监祠一带。

然而嘉泰《会稽志》卷七又说“天长观在府东南六里

一百六十六步”,这又是怎么回事呢？原来千秋观(天长观)在南宋乾道年间曾经搬迁过。据宝庆《会稽续志》卷三记载,绍兴知府史浩于乾道四年(1168)奏移天长观额至会稽县东南五里处(即府治东南六里处)重建。随后汪纲又对宫观进行过翻新扩建。史浩奏移天长观额的具体原因不得而知,大概是因为原址地理空间狭小,移到新址可以进行扩建。又或许和唐宋时期绍兴镜湖水面的变化有关。而千秋观(天长观)搬迁之后的位置,正是当年唐玄宗赏赐给贺知章的“剡川一曲”宅。因为贺知章原来也在这里居住过,所以史浩将千秋观(天长观)搬迁到这里是合情合理的。史浩将天长观迁至会稽县东南五里后,山阴旧宅处逐渐荒废。到了明代,旧宅处又建有明真观。以至于明代萧良幹在修万历《绍兴府志》时,已经弄不清知章旧宅及千秋观变迁的原委。

至于“贺知章是绍兴历史上第一位状元”的传言,总是被读者们津津乐道。然而,据考证,贺知章是武则天证圣元年(695)乙未科的进士,没有文献可以证实他是绍兴第一位状元。但我们愿意相信他就是。

徐　浩:颜体前导会稽公

相信大多数学习楷书的人都会临摹颜真卿壮年时的作品《多宝塔碑》。此碑的正文由岑勋撰,颜真卿书,碑首的题字是徐浩所为。我们知道,题额的书家一般都比正文书写者地位会更高一点,由此可见,徐浩在那时地位甚至比颜真卿还要高。这么厉害的书法家,我怎么没听过?很多人都会有这样的疑问。下面就来看看这个被后人几乎遗忘的书法家的故事。

徐浩(703—782),字季海,越州会稽(今浙江绍兴)人。工于书法,聪明好学。举明经进士,起家丽正殿校理,迁右拾遗。跟随幽州节度使张守珪,授监察御史,迁刑部郎中。唐肃宗即位,授中书舍人、知制诰,迁尚书右丞、国子祭酒,坐事贬为庐州长史。唐代宗即位,复以中书舍人召,迁工部侍郎、会稽县公,出为岭南节度使,召拜吏部侍郎。后出贬明州别驾,迁彭王(李仅)傅、会稽郡公。

（一）书法世家

徐氏一族即使在书家辈出的唐代也是不可小觑的书法家族。其祖徐师道，以善草书而闻名；父徐峤之，书艺精妙，有王献之与欧阳询风神；外公张庭珪，以隶名世（张廷珪去世后，徐浩给他书写的墓志就是用隶书所写）。徐浩自幼受到父亲及家族的文化培养，尤其是书法方面。

徐浩出身于这样一个文化氛围浓厚的家庭，再加上他本身天资聪慧，在开元年间考中进士，被任命为丽正殿校理，就是阅读整理皇家的文献典籍。徐浩的文学修养极高，书法又高超，所以得到了皇帝的重视。后来徐浩被派往地方担任河阳县（今属河南焦作）县令。史书记载，"以善政称"，可见早年徐浩具有中国士大夫的正直与担当。

（二）两个污点

后来徐浩做的官越来越大，担任了岭南节度使（相当于今广东、广西等地的长官）。当他离任时，积累了大量财富，《新唐书》原文记载是这样的："以瑰货数十万饷载。"不知徐浩为什么在人生的后半段如此贪财。不管是什么原因，他这样的行为都是为世人所不齿的。

当他回朝后，结交奸相元载，担任吏部侍郎时，举荐一个叫侯莫陈怤的人担任长安尉。到了吏部考核时，侯莫陈怤受到长官李栖筠质询，结果根本说不出他在上一任时的政绩，只能实话实说是请托徐浩、薛邕、杜济三位大人才有了这次升迁。实际上，侯陈莫忿是徐浩的小舅子，这次的人员调动完全是出于私利。李栖筠为人刚直，立刻写了奏折弹劾这三人。当时的皇帝唐代宗非常信任元载，而徐浩等三人与元载又是好朋友，所以皇帝迟迟没有处罚三人。直到有一晚出现月食，唐代宗与李栖筠讨论到这一天象时，李栖筠趁机说，这说明朝廷有赏罚不明的情况，所以才有此征兆。唐代宗于是很快将徐浩贬为明州别驾。

（三）颜体的先导

徐浩因为有上面写到的立身处世的污点，所以后来的书法评论者甚少提及他。毕竟在中国，书品和人品被认为是一体两面的。当然这没有问题，而且这是一个非常优良的传统。我们这里写徐浩，不是要给长者讳，而是要呈现一个真实的书法家徐浩。他的代表作有《不空和尚碑》《嵩阳观记》《书朱巨川告身卷》等。他的楷书“笔法圆劲，意致娴雅天成，不假雕刻而色乃温然苍然，盖既优以裕，大而能者也”。李肇《国史补》说：“怀素工瘦，张长史草工肥。瘦硬易作，肥劲难工。”

徐浩即以“肥劲”为标格，他的书法沉着劲健、气韵清逸，既迎合了盛、中唐丰丽圆厚的审美，又上承初唐“崇王”的风尚，这是徐浩书法在当时极受欢迎的重要原因之一，也是徐浩最重要的书法成就。

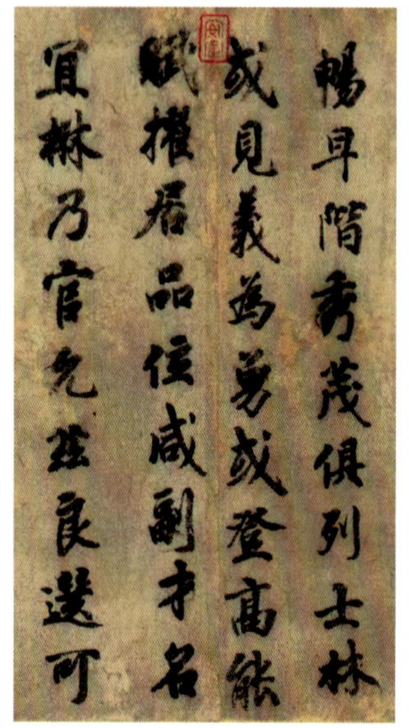

朱巨川告身帖

不空和尚碑

他是被选择性地遗忘的。2022 年,绍兴市旅游资讯网上的历史名人目录里还有徐浩的介绍,但是新的网站里似乎已经被挪出去了。

陆　游：亘古男儿一放翁

陆游(1125—1210)，字务观，号放翁，越州山阴(今浙江绍兴)人，是南宋时期的诗人、词人。或许因为生不逢时，错过了唐代这一诗歌辉煌的时期，才华横溢的陆游在文学史上所获的重视远远不及他所创造的丰硕成果。然而其诗文光芒四射，穿越千年，依然熠熠生辉。

今天在绍兴有一个非常受欢迎的旅游景点——沈园，每天都是游人如织。大家似乎对远去八百多年的陆游始终抱有浓厚的热情，对于他的诗词、书法、爱情，他的一切都那么感兴趣，似乎他从未走远。

从青年时期的聪颖好学，到中年的壮志未酬，再到晚年的退隐故乡，陆游的人生轨迹如同一幅波澜壮阔的画卷，始终展现着他对国家和民族的深切热爱。他的绝笔之作《示儿》，早已被收入语文教材，几乎成为每一个中国人耳熟能详的爱国诗篇。

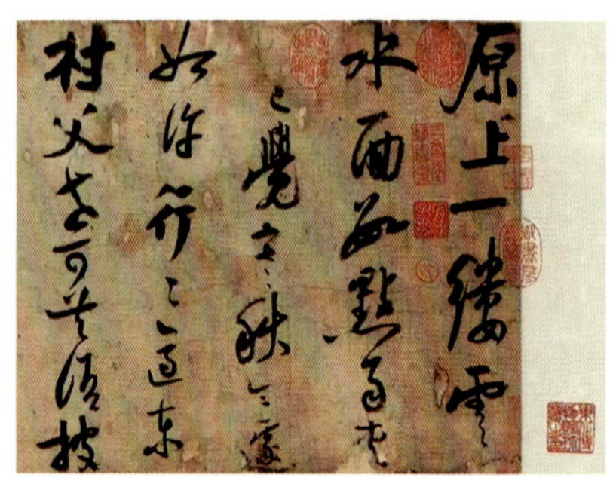

陆游自书诗卷

(一)科场失意心难平

陆游出身于书香门第,他的祖父陆佃曾跟随王安石学习,官至尚书右丞。他的父亲是南宋著名的藏书家,官至京西路转运副使。然而,陆游并不是出生在山阴,而是在宋徽宗宣和七年(1125)十月十七出生于淮河岸边的一条官船上。陆游多次在诗中提到他的生日,如“少傅奉诏朝京师,舣船生我淮之湄。宣和七年冬十月,犹是中原无事时”(陆游《十月十七日,予生日也。孤村风雨萧然,偶得二绝句。予生于淮上,是日平旦,大风雨骇人,及予堕地,雨乃止》)。少傅指的是他的父亲,而宣和七年,陆游所谓的“无事时”,其实早已响起了时代动乱的前奏。

靖康二年(1127),金人俘虏了宋徽宗、宋钦宗北归,靖康之难发生,北宋灭亡。在国家与百姓身陷危难之时,陆宰无奈带着少儿陆游回到了故里山阴,这也是陆游第一次回到家乡。而再等到建炎四年(1130),金人渡江南侵,战争与动乱再度威胁南方安乐的土地，六岁的陆游又只好随父亲到东阳避难。直到南宋绍兴三年(1133)，局势稍稍转危为安，南方逐步安定，陆游才又回到了家乡山阴。

山河破碎，国家动荡，人民难安。处于那个政权更替乱世之下的人们，其命运如同漂泊的浮萍，随着风雨飘摇不定；亦如同闷头南飞的乌鹊，即使绕树三匝，终也无枝可依。陆游的整个童年，就是在这样的漂泊动荡中度过的，这也为后来陆游悲愤报国的情怀埋下了种子。陆游虽然随着局势动荡而辗转各地，但值得庆幸的是，得益于父亲和祖父的名望，陆游的教育并没有被忽视。回到家乡后，陆游跟随韩有功及堂伯父陆彦远读书。等到陆游十二岁时，他才华尽显，已经可以作诗、写文章了。(《宋史·陆游传》)他读书是十分刻苦的，根据他自己的回忆，他一直有

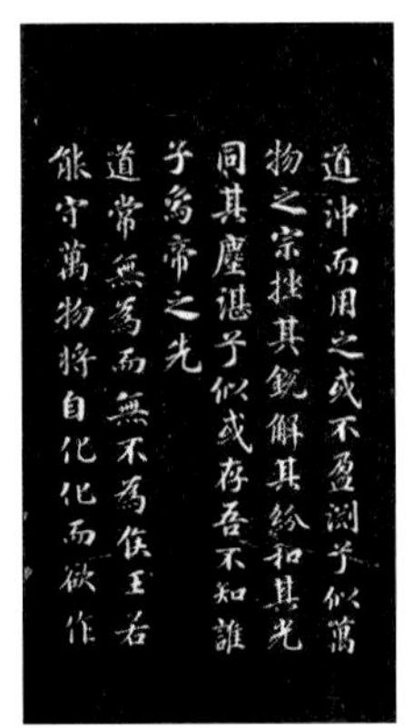

道经

闲阔帖

着夜读的习惯，常常读书直到深夜。之后，他还跟随曾几学诗，让他的诗歌创作取得了长足的进步。尽管青年时期的陆游已小有名气，但与之相对的是，他的科考之路却极为坎坷。

学而优则仕是千年以来普天下读书之人的共同愿景。“学会文武艺，货与帝王家”，读书人满腹的才学，都要尽数付诸国家的实际治理之中。治乱兴衰，造福百姓，方不负这十年寒窗苦读。于是，科举自诞生以来，便是每一个读书之人献身功业的必经之路。但是科举之路上，有人春风得意，亦有人榜下失意。陆游便是科场失意的那一个。陆游两次远赴临安参加科考，皆未及第。古代科举不像如今的高考那样严格，唐代就设置有“投卷”的渠道。参加科

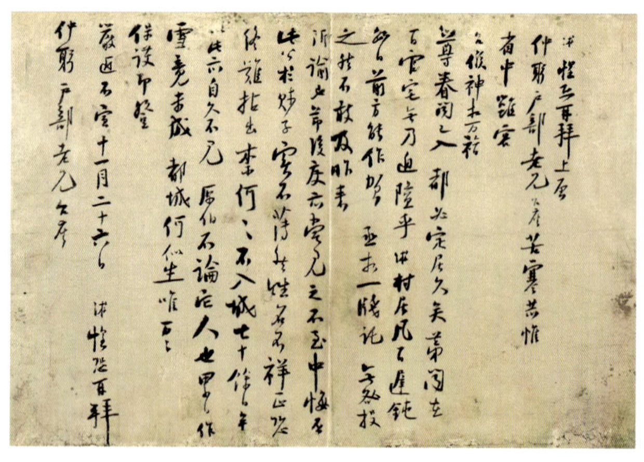

苦寒帖

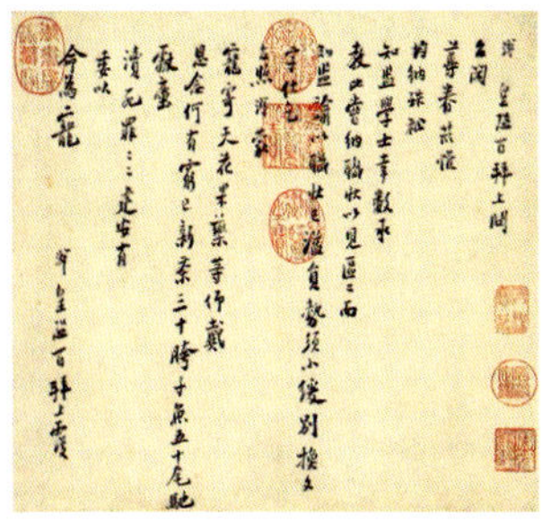

上问帖

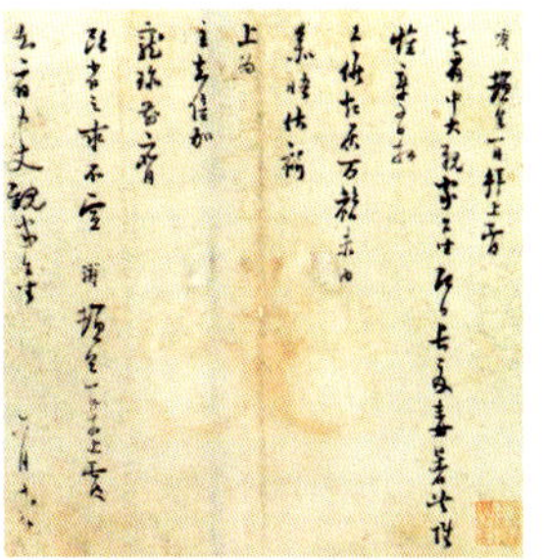

长夏帖

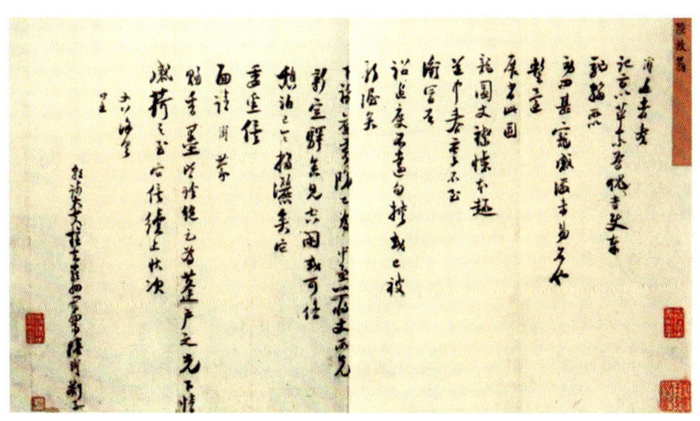

奏记帖

举之人在正式考试之前可以把自己从前的优秀作品提前送给考官作为参考，称之为“投卷”。宋代尽管废除了这一规则，但权势之下，科举舞弊的现象仍然不能杜绝，尤其是在奸臣当道之时。陆游科考不顺，可信的猜测是，与秦桧当权的政治环境密不可分。秦桧当权的政坛，推行对金人求和的政策，是绝对的“妥协派”。政见的不和就意味着与“主战派”的斗争。残忍的是，“主和派”的秦桧在党争之中，不断打压异己，并且残害忠良。“主战派”中立有赫赫战功的岳飞，就是秦桧一手策划而冤死的。可以说，秦桧是中国历史上卖国贼的代表。而陆游的父亲陆宰拥有公正无私、一心报国的精神意志，他在为官时多次公开拜谒王彦章、裴约等人的庙宇，王彦章与裴约都是历史上宁死不屈、誓死不降的武将。在秦桧当权的政治环境下，公开拜谒这些历史人物，本身就是一种“主战”的表现，这种行为势必会被秦桧及其党羽所嫉恨。事实上，陆游深受父亲的影响，青年时撰写的文章就屡次表达对朝政的担忧。因此，在当时南宋的朝廷局势之下，身为“主战派”陆宰的儿子，再加之陆游一以贯之的忧国之情，陆游会因此在科考中失意，便是极有可能的了。

绍兴二十三年(1153)，二十九岁的陆游到临安参加锁厅试，仍不中。锁厅试是宋朝一种针对现任官员和有爵禄者的考试，宋代人做官的渠道仍然包括恩荫制度，锁厅试就是其中的一种。朝廷会根据祖辈、父辈做官的功业，让他们的子孙直接入朝为官。

陆游的锁厅试引发了他与秦桧的一段恩怨。在这次考试中，秦桧的孙子秦埙也参与其中。秦埙作为秦桧的孙子，早已被荫补为敷文阁待制、右文殿修撰了。可秦桧并不满足，按照秦桧的想法，主考官是一定会将秦埙定为第一名的。然而，主考官陈阜卿被陆游的文章打动，将陆游评为第一名。这让秦桧始料未及,并由此对陆游产生了强烈不满,直接命令来年的礼部考试不再录取陆游。

到了殿试时,秦桧仍不罢休。他直接向宋高宗状告陆游"喜论恢复",这才止住了陆游的科考之路。"喜论恢复",就是指陆游主张北伐收复失地,还经常向别人传达这种主张。这就向皇帝暗示了陆游是赤裸裸的"主战派"。宋高宗自然不满,罢黜陆游成了情理之中的事。然而,正是秦桧的阻拦,印证了陆游与岳飞一样具有心忧家国的情怀,并且也因此让他进一步名扬天下。陆游的科举生涯就这样又被秦桧蹉跎了几年,直到他三十四岁时,终于获得了出仕的机会。陆游被任命为福州宁德县主簿,离开了他居住了近三十年的故乡山阴,前往宁德任职。

(二)钗头凤断情未了

今天谈及"钗头凤",首先让世人想到的就是陆游与唐琬的这段"虐恋"。陆游科场失意的数年中,有三年陆游在为陆宰守孝。他不仅为父亲陆宰守孝三年,也经历了个人生活的巨大变故,尤其是与第一任妻子唐琬的离合悲欢。陆游与唐琬的感情经历,是他生命中一段既甜蜜又痛苦的回忆,这段感情不仅影响了他的生活,更深深烙印在他的诗词中,成为后人传诵的佳话。

绍兴十四年(1144),二十岁的陆游与妻子唐琬成婚。唐琬也是山阴人,祖父唐翊官至鸿胪少卿,父亲唐闳曾任郑州通判。唐家与陆家可谓门当户对,出身书香世家的唐琬更是让陆游心仪不已。两人婚后情深意笃，诗书唱和，情意绵绵，度过了一段甜蜜的时光。陆游与唐琬成婚后，两人出双入对，时常一起吟诗作对。

然而，幸福的日子并未持续太久。陆游的母亲唐氏对唐琬颇有微词。唐氏，作为北宋著名谏臣唐介的孙女，从小受到严格的家教和显赫家族的熏陶，性格中有着强烈的责任感和家族荣誉感。她对唐琬的不满主要来自两个方面：首先，陆游与唐琬结婚后一年，唐琬未能生育，唐氏因此怀疑唐琬的生育能力。在重视传宗接代的封建社会，无子被视为妻子失德的重要因素。唐氏认为唐琬不能为陆家延续香火，这是对唐琬极其严重的指摘。其次，唐氏认为陆游正处于人生的关键时期，需要专注于科举考试和事业发展，而唐琬与陆游整日吟诗作对，影响了陆游的学业。唐氏认为唐琬的存在让陆游分心，不利于他在科举中取得好成绩。于是，唐氏开始逼迫陆游与唐琬离婚。

面对母亲的压力，陆游内心十分痛苦。他深爱唐琬，不愿意与她分离，但母亲的强烈反对让他陷入两难境地。在封建礼教的压力下，陆游最终选择了听从母亲的安排，与唐琬离婚。这段美好的婚姻戛然而止，年仅二十余岁的陆游与唐琬分别。离婚后的唐琬被迫改嫁给了赵士程。而陆游则在母亲的安排下续娶了王氏，王氏在第二年便为陆游生下了长子。

几年后，陆游再次赴临安参加锁厅试，却因秦桧的干预而失败，黯然回到山阴。心情沉重的他在沈园散心时，

偶然遇见了已再嫁赵士程的唐琬。两人的重逢让陆游百感交集,他情难自已,当即写下了千古名篇《钗头凤》:

红酥手,黄滕酒,满城春色宫墙柳。东风恶,欢情薄,一怀愁绪,几年离索。错,错,错。　　春如旧,人空瘦,泪痕红浥鲛绡透。桃花落,闲池阁,山盟虽在,锦书难托。莫,莫,莫。

《钗头凤》一词,字里行间充满了陆游对唐琬的深情厚意和无尽的痛苦。旧时的美好回忆与现实的物是人非交织在一起,使人感受到他内心的矛盾与悔恨。而唐琬不知道是否是受到了再与陆游相遇的刺激,她在此后不久就去世了。这种复杂的情感贯穿了陆游的一生,直到晚年依然未曾消退。

多年以后,年老的陆游再次来到沈园,写下了《沈园二首》:

肠断城头画角哀,沈园非复旧池台。
伤心桥下春波绿,曾见惊鸿照影来。

梦断香消四十年,沈园柳老不吹绵。
此身行作稽山土,犹吊遗踪一泫然。

这两首诗,表达了陆游对唐琬深深的思念和对逝去岁月的无限惋惜。虽然一生中大部分的时间,陆游都在为国家命运而忧虑,为抗金复国而奔走,但在唐琬这里,他展现出了最柔软、最深情的一面。在唐琬离世多年后,陆游仍然怀念着她,凭着那一缕剪不断的情丝,在故地沈园潸然泪下。这段感情虽然因现实的无奈而中断,却在陆游的诗词中得以永恒。唐琬的名字,也因陆游的作品而在中国文学史上留下了深刻的印记。

(三)戎马生涯志未酬

宋孝宗乾道二年(1166),四十二岁的陆游因被"主和派"排挤,在隆兴府通判的任上被罢官,回到了家乡山阴,开启了他长达四年的赋闲生活。已到不惑之年的陆游,进入了他人生中难得的闲适时间。回归故乡平淡的生活,也给陆游带来了心态上的变化。在赋闲在家的第二年,便写下了他的另一篇千古名诗《游山西村》:

莫笑农家腊酒浑,丰年留客足鸡豚。
山重水复疑无路,柳暗花明又一村。
箫鼓追随春社近,衣冠简朴古风存。
从今若许闲乘月,拄杖无时夜叩门。

这首诗中的"山重水复疑无路,柳暗花明又一村",不仅描绘了陆游在游玩时踏上的曲折蜿蜒的山间小路,更贴合陆游此时的心理状态。他的人生看似陷入绝境,难有起复的可能,但他没有丧失信心,还在期待着新的机会。而很快,这个机会就来了。

乾道八年(1172),陆游收到了四川宣抚使王炎寄来的一封信,这是一封来自四川地区最高军事统帅的邀请函。陆游迫不及待地想要到王炎帐中效力,虽然过了几年的田园生活,但舒适的生活并没有将陆游的斗志消磨尽。好事多磨，四十八岁的陆游终于得到了去南郑（今陕西汉中）任职的机会，有了亲身参与对金人作战的机会。

虽然在南郑陆游仅仅停留了八个月，但这八个月让陆游一生都怀有的报国之情再次升华。在南郑，陆游为边军做出了很实际的贡献，他贡献可以分为文、武两个方面。在文的方面，作为一名军事参谋，他向王炎献计，形成了一个重要的战略思想。他认为，要收复中原，必须首先收复长安。而要收复长安，必须以关中为根据地。要把握这里的地理优势，先要囤积粮草、训练军士。如果金人挑衅，就毫不客气地迎战；如果金人不发动进攻，那么在短期内应该以守为主，机会成熟时再发动总的反攻，只有拿下了长安，收复整个中原才有保障。

除了献计之外，陆游还作为将领亲身参与了一些战斗。这些战斗的情景自然被他写进了诗中，如《江北庄取米到作饭香甚有感》中就写到了战场上的情景：

我昔从戎清渭侧，散关嵯峨下临贼。
铁衣上马蹴坚冰，有时三日不火食。
山荞畬粟杂沙砾，黑黍黄粱如土色。
飞霜掠面寒压指，一寸赤心惟报国。

战场上条件艰苦，穿着铁甲骑马在冰天雪地中行军，许多天都没有条件生火做饭，食物也极其粗糙。但即使是在如此艰苦的条件下，陆游依然保持着报国的赤诚之心。

值得注意的是，陆游不仅是个善于作诗的文人，同时他还是一个武功高强的战士。根据陆游在自己诗中的描述,他曾两次打虎。打虎英雄武松在《水浒传》中也不过一次打虎,而陆游作为传统意义上的文弱书生,却可以打虎两次,可见其高超的武艺。陆游第一次打虎发生在宋孝宗乾道八年(1172),陆游在南郑一次巡逻的途中碰到了一只老虎。陆游在关键时刻挺身而出,拔剑刺向老虎,也就是陆游在《怀昔》中所写的:"挺剑刺乳虎,血溅貂裘殷。至今传军中,尚愧壮士颜。"

第二次则发生在陆游离开南郑前往成都任成都府安抚司参议官的路上。陆游得知山上有恶虎伤人,主动带领军士上山打虎。这一次陆游直接用戈刺穿了老虎,陆游将这件事写在了《十月二十六日夜梦行南郑道中既觉恍然揽笔作此诗时且五鼓矣》一诗中:"耽耽北山虎,食人不知数。孤儿寡妇仇不报,日落风生行旅惧。我闻投袂起,大呼闻百步。奋戈直前虎人立,吼裂苍崖血如注。"

陆游的戎马生涯虽然短暂,但却充满了传奇色彩。他不仅在战场上展现了卓越的军事才能和勇气,还留下了打死老虎的英雄事迹,这些经历都成了陆游终生难忘的回忆。在陆游的眼中,这些艰苦、危险都是他生命中的高潮。这样生命的高潮,同样在诗歌中创造了不朽的篇章。他的诗歌在此后打开了心灵的桎梏,对家国担忧的深情与在边疆对抗金人的豪情完美地融入了他的诗歌之中。

(四)史册编修留青史

从南宋淳熙七年(1180)到淳熙十三年,陆游从五十六岁到六十二岁，再次被罢免，蛰居山阴。陆游被罢官的直接原因是赵汝愚道听途说、捕风捉影，弹劾陆游；而根本原因依然是作为“主战派”的陆游在南宋政坛的格格不入。此时尽管陆游在强烈的愤懑之中已经看不到抗击金人、收复失地的希望，但他抗金收复的主张依然没有变。陆游在蛰居山阴期间写的诗《夜闻秋风感怀》就明确地表达了他的志向：“数篇零落从军作，一寸凄凉报国心。”在此期间，他并没有因为仕途的坎坷而停止创作，反而更加勤奋地写作。他的诗歌创作在这一时期达到了一个新的高峰，他以诗歌为武器，表达了对南宋统治者的不满和对抗金复国的坚定信念。

直到淳熙十三年(1186)，陆游再次得到了朝廷的任用。而宋孝宗似乎已经忘记了陆游“主战派”的立场，让他知严州，在严陵“赋咏自适”（《宋史·陆游传》）。严州（今浙江桐庐）是当时紧邻临安的一个州。约 140 年前，陆游的高祖陆轮曾在这里做过知州。这样的机缘使得陆

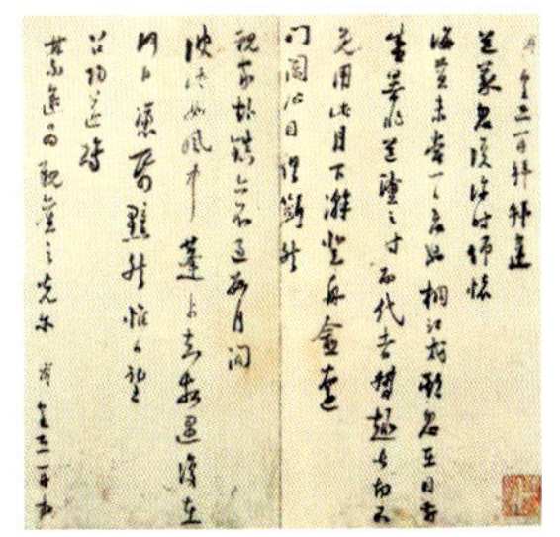
拜违道义帖

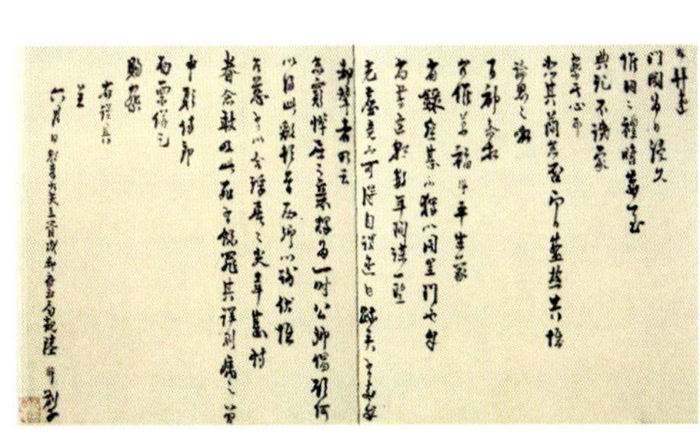
候问帖

游对此地有一种亲切感,即便这一次任职并不是陆游的志向所在,他依然做得很好。他在严陵的任期内,勤于政事,关心民生,深得百姓的爱戴。陆游在严陵熬到了淳熙十五年,在任期刚满之时,陆游就要辞官回乡养老。原因是在严陵的三年,官场的复杂和仕途的坎坷让陆游对仕途产生了深深的厌倦。淳熙十五年,陆游向朝廷提出辞官的请求,但宋孝宗却不肯放他。宋孝宗看重陆游出色的文笔,任命陆游为礼部郎中,陆游正式开始了他编修《高宗实录》的生涯。但随之而来的弹劾,让陆游再次被罢官。可这依然不是陆游为官的全部经历。嘉泰三年(1203),七十九岁的陆游作为史官,出色地完成了《孝宗实录》五百卷与《光宗实录》一百卷。《宋实录》是宋代官方编纂的编年体史书,采用的材料取自起居注、日历、中央与地方各个部门的档案。陆游能够参与其中,充分证明了即便皇帝不认可陆游收复的主张,但依然十分看重陆游忠君报国的精神情怀和在编撰写作方面的才华。跨越十四年的修史任务,是对陆游学术严谨和历史责任感的肯定。但可惜的是,这两部《宋实录》并没有得以保存,我们难以得见陆游在修史方面的成就。

(五)示儿绝笔冰河梦

陆游的一生充满了坎坷和动荡。虽然晚年的陆游在八十岁以后才彻底退居山阴,但实际上,自淳熙十六年(1189)陆游六十五岁以后,他便长居家乡山阴。这一时期,他创作了大量脍炙人口的诗篇。政治上的不得志，让他在晚年登上了诗歌创作的巅峰。在这一时期，陆游回归到了田园生活，再加上宦海沉浮且年事已高，诗歌转为清旷淡远的田园风格和苍凉的人生感慨。但即便长居在相对安定的家乡，他依然心系国家和人民，诗歌中依然不乏展现他对家国深厚情感的诗歌。

他长居山阴时期的诗歌中延续了他一生的主张，多次表达了对北伐的支持和对金人侵略的愤慨。例如，他在《十一月四日风雨大作》中写道："僵卧孤村不自哀，尚思为国戍轮台。夜阑卧听风吹雨，铁马冰河入梦来。"写这首诗时，陆游已经六十八岁了。六十八岁的陆游已经很难在现实中继续他抵抗金人侵略的理想，但却依然想在梦中实现自己金戈铁马、驰骋北上的愿望。他在《秋夜将晓出篱门迎凉有感》中写道："三万里河东入海，五千仞岳上摩天。遗民泪尽胡尘里，南望王师又一年。"三万里河与五千仞岳指的是北方中原，而这些奇伟壮丽的景色已经沦陷于金人之手。那些生活在金人压迫下、心怀故国的遗民只能盼望着王师北上，救他们于水火。可此时的陆游其实十分清楚，南宋君臣早已把他们忘记得干干净净。不仅是遗民在等待，这何尝不是陆游本人在等待收复北方中原的那一天？这些诗不仅表达了他对国家的忧虑和对抗金事业的支持，更展现了他坚定不屈的精神。

陆游诗歌中最为著名的便是《示儿》。这首诗表达了他对国家统一的渴望和对后代的殷切期望："死去元知万事空,但悲不见九州同。王师北定中原日,家祭无忘告乃翁。”这是陆游生命的绝唱,在生命的最后时刻,他唯一放心不下的就只剩下一件事了。他不再担忧个人的名利或者是子孙的前程,他唯一的牵挂就是国家尚未统一。这位八十六岁的老人已经活得足够久了,可他终其一生没有看到国家的统一。这首诗是陆游临终前的绝笔,寄托了他对后代的期望,更是他一生爱国情怀的集中体现。

陆游在晚年的创作,还反映了他对家庭和亲情的重视、对儿女教育的执着。除了临终前的《示儿》教育儿女们要报效国家之外,陆游还有一首《冬夜读书示子聿》写给小儿子。“古人学问无遗力,少壮工夫老始成。纸上得来终觉浅,绝知此事要躬行。”要孜孜不倦地学习,更要亲身践行,这是陆游晚年根据他的人生经验给儿子的忠告。陆游坎坷的一生,几乎跨越了半个南宋王朝。他的经历让他明白,只有真正的实践,才能将知识接轨实际,进而真切地做出有益于国家与人民的事业。

晚年的陆游,对自己一生的经历开始进一步总结和反思。他在《卜算子·咏梅》中写道:“驿外断桥边,寂寞开无主。已是黄昏独自愁,更著风和雨。　无意苦争春,一任群芳妒。零落成泥碾作尘,只有香如故。”这首词是陆游以梅花自况,他的一生虽然凄苦艰辛、坎坷失意,但他依然无悔,对自己终生保持的高洁人格非常认可。这首词集中反映了陆游顽强的意志:即便被“碾作尘”依然可以留下一缕梅香。

陆游这一时期的创作，不仅仅局限于诗词，还包括了大量的散文。他的笔记作品《老学庵笔记》记录了他在山阴隐居期间的所见所闻，内容丰富，文笔生动，具有很高的文学价值和史料价值。“老学庵”是陆游晚年蛰居的书斋的名字。“老学庵”这个名字，按照陆游本人的说法是取自“老而学，如秉烛夜行”之意。意思是虽然老了，但还是坚持学习，到了深夜，也要拿着蜡烛继续读书。可见陆游自童年时留下的夜读的习惯，到他老年时依然有所保留。

有趣的是，“只许州官放火，不许百姓点灯”最早见于《老学庵笔记》。这讲的是北宋时期的故事：有个州的太守名田登，为人专制蛮横，因为他名“登”，所以不许州内的百姓在谈话时说到任何一个与“登”字同音的字。而在元宵佳节到来之际，依照以往的惯例，州城里都要点三天花灯表示庆祝。州府衙门要提前贴出告示，让老百姓到时候前来观灯。可是这次的告示，却让写告示的官员为难。用上“灯”字，要触犯太守；不用“灯”字，意思又表达不明白。写告示的官员只能把“灯”字改成“火”字。这样，告示就变成了“本州依例放火三日”。这个故事便演变成了我们所熟知的俗语。

陆游的文学作品对后世产生了深远的影响。他的作品不仅在当时被广泛传颂，而且在后来的文学发展中也占据了重要地位。许多后来的诗人都受到了陆游的影响，学习他的创作风格和精神品质。特别是陆游的爱国精神和对人民的关怀,成为后世诗人效仿的对象。明清时期,不少诗人都在作品中借鉴陆游的爱国情怀,表达对国家的热爱和对人民的关注。陆游作为一名爱国主义诗人,对后世产生了极大的影响。陆游的事迹也激励着我们,在现代社会中,依然要保持对国家和人民的热爱,为实现个人价值和社会进步而不懈努力。陆游的精神和他的作品,将永远激励着后人,成为我们不断前行的动力和榜样。

03 元明清时期

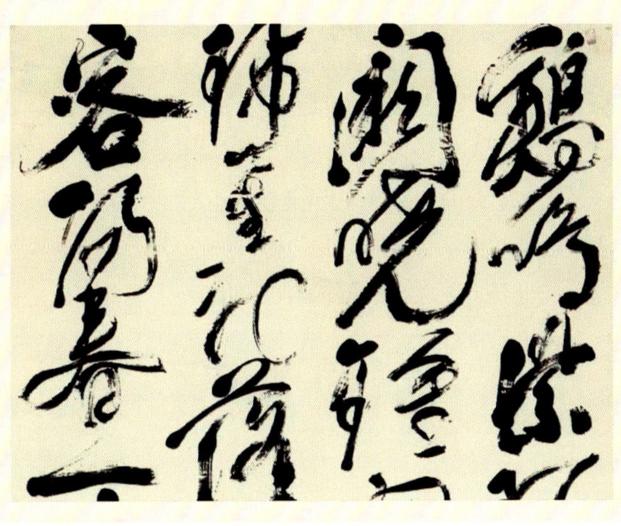

王　冕：本自清香不惹尘

我家洗砚池头树，朵朵花开淡墨痕。

不要人夸好颜色，只留清气满乾坤。

水墨的梅，清白的心。这首小学课本上清新简单、朗朗上口的题画诗，出自元朝中后期的一位诗人兼画家。他喜欢梅花，钟爱画梅、种梅、赏梅、写梅，一生未入仕，画着世界上不存在的梅，做着人世间不多见的事。他叫王冕，字元章，号竹斋、煮石山农，亦号食中翁、梅花屋主等，诸暨枫桥（今浙江绍兴）人，是诸暨三贤之一。其祖上是关西的一个官僚家庭，传至王冕父亲时已经是一贫如洗，以耕田为生。在有些人的认知里，寒门就是贫民，但事实上寒门指的是没落的贵族、世家、豪门，以王冕的出身和家庭条件，可能连庶民都称不上，根本不配被称为“寒门”。就这样一位没背景、没仕途的农家子弟，却能预料元朝灭亡的结局，后半生从纷扰的乱世中成功抽离，成为文化史上亮眼的明珠，留下满堂清白之名。

（一）求学不易

相传，王冕七八岁时，父亲让他去田埂里放牛。对于一个农民家庭来说，放牛一事就和耕田一样，再正常不过。但儿时的王冕似乎有点点逆反，他牵着牛让牛走到田埂享受“自助餐”，自己则偷跑到学堂旁听。超强的学习天赋让他默默地记下了课上的内容，把放牛一事忘到九霄云外。他回了家，牛不见了，放肆的牛跑到别人家里，踩坏了人家的庄稼。后来人家来告状，王冕的父亲气不打一处来，便把他揍了一顿。可这孩子不长记性，继续乐此不疲地偷听学堂讲课，开明的母亲便不再苛求，由他去选择自己的道路了。在《自感》一诗中，王冕称自己“世俗鄙我微，故旧嗤我愚。赖有父母慈，倚门复倚闾”。可见父母的慈爱、家庭环境的宽松，对他的成长有相当重要的作用，是他开启特立独行人生的奠基石。后来，王冕离开家，踏上了求学之路，寄宿在佛寺里，夜里借着佛像下的长明灯读书，一直读到天明。“佛像多土偶，狞恶可怖，冕小儿，恬若不见。”夜里光照佛像，狰狞如鬼般瘆人，但王冕勤学之至，完全视而不见，也许孩童的纯真和对知识的渴望让他难以注意这些细枝末节吧！

提到王冕，就不得不提那部讽刺名著《儒林外史》，王冕是这部书的开卷第一人，在全书中也仅出现于第一回。小说中的王冕起初在学堂读书，几年后由于家里贫困，难以供他继续读书，生活所迫，王冕只得退学去放牛。但他生性喜爱读书，并没有因此沮丧，而是很云淡风轻地说：“放牛反而快活，带几本书去放牛就好了。”这样的心态与当时的绝大多数读书人相比非常难得，是有一颗真正热爱读书的心。在他眼里，读书并不是为考取功名做准备。不仅如此，王冕还对读书以外的生活抱有热情，通过《墨梅》，我们知道他是一位画家，事实上王冕画梅花是数十年后的事，而爱画画的习惯是自幼就在培养的。他不会认为读了书就一定不能关注书画、音乐等，何时应该读书，何时应该画画，对他来讲没有限制，几乎是率性而为。年少时，王冕见到池塘里的荷花，心想：古人说“人在画图中”，可惜身旁没有画工。不过，天下哪有学不会的事？不如我自己来画几枝荷花吧！他便沉下心来学画画，起初画不好；三个月后，那荷花精神、颜色无一不像，只多着一张纸，就像从水里摘出来贴在纸上的。想来大概像大词人周邦彦描述的那样：“水面清圆，一一风

墨梅图

荷举。”后来全县都晓得有他这么个画花的名笔,争着来买画,他也就有了赚钱的渠道。十七八岁时,王冕每日读古人的诗文,时不时画几笔画,渐渐不愁衣食。

(二)幸亏没有考中

王冕天资聪颖,不满二十岁就能贯通天文、地理、经史上的大学问,浙东大儒、理学家韩性见王冕勤奋好学,就收他为徒。这与《儒林外史》中叙述他是自学成才有所差别,但也无伤大雅。王冕持续努力学习,成长为博古通今的儒生,走上了科举考试的道路。

元朝建立之初,科举考试一直没有开考,汉族读书人缺乏公平的入仕机会,仕途很坎坷。1315 年,元朝才正式恢复科举考试,其间,有两次因丞相执意废科举而停办。王冕在此之前就名落孙山,又白白耗费了多年的光阴,已过了而立之年。待科考再次恢复,他自信满满地再入考场,参加了人生中最后一次科举考试,结果依然未中。这一结果让他心灰意冷,彻底断了入朝为官的念头。他将科举文章付之一炬,决心不再复读。火焰烧毁了他的文章,也焚尽了他的入仕之心。历史上为科考奋斗数十年的学子屡见不鲜,我们熟悉的孟郊就是 46 岁方及第,更有许多人从少年考到白发苍苍,不断地盼望着“春风得意马蹄疾”的时刻降临到自己身上,把一生献给科考,却终究错付。而王冕三十多岁便毅然决然地与科考和做官断绝关系,早早醒悟,迅速觅得适合自己的道路,专心写字、作画维持生活。

《儒林外史》开篇就有这样一句话:“人生富贵功名,是身外之物;但世人一见了功名,便舍着性命去求他,及至到手之后,味同嚼蜡。”在封建社会,读书、科考、做官,以求光宗耀祖,似乎就是一个人的前半生的使命;做不到的话,那就是一辈子。仿佛只有这样的人生才算“合格”,才称得上成功。但王冕的经历告诉我们,人生真正的成功在于承担人生的不成功,并且寻找真正适合自己价值的道路。王冕

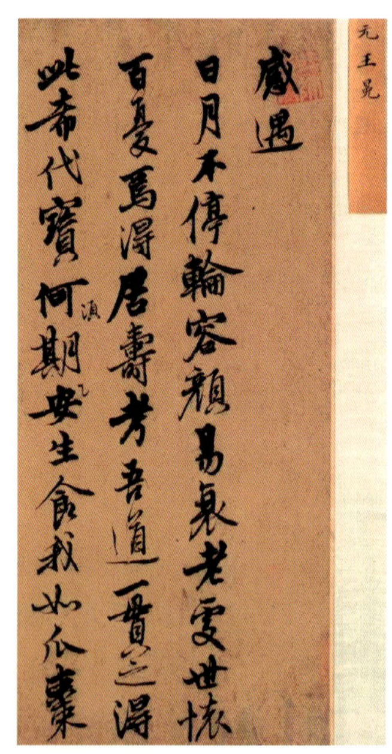

感遇诗帖

的朋友著作郎李孝光想要推荐他做府吏，王冕怒道："吾有田可耕，有书可读，肯朝夕抱案立高庭下，备奴使哉？"日日夜夜抱着文卷在官府的屋檐下受人奴役，这怎值得我放弃晴耕雨读的悠闲生活？这番话堪称人间清醒，王冕简直是个还没成为"朝九晚五打工人"就看清社会病态的高人。或许人不必为了那碎银几两而忙忙碌碌，做个自由潇洒的文艺青年，不也很好吗？

（三）行为艺术尽显本色

王冕一直有着远大的理想，也一直坚持自我的信念，但是他多少有点艺术家的怪诞在身上，因此他展示自我的形式相当特别。据说他习惯头戴高帽，身披绿蓑衣，足穿木齿屐，手提木制剑，在闹市里一边溜达一边引吭高歌；或是骑着黄牛大声念着《汉书》，群众都尾随、看热闹，他自己却不以为然。这不由得令人想到屈原在《涉江》里的描写："带长铗之陆离兮，冠切云之崔嵬。""切云"是高高的帽子。《儒林外史》里也把王冕和屈原二人做了关联：王冕在《楚辞图》上看见屈原衣冠，便自造了一顶极高的帽子。或许他有意仿照这副打扮，以此表明自己不满朝廷现状、不愿与世俗同流合污的心态。屈原曾"被明月兮佩宝璐"，"璐"是"美玉"的意思，王冕的家境想来不允许他佩戴宝玉，只能穿着绿蓑衣凑数，可那又怎样呢？绿蓑衣虽破，清白之心全然不需美玉装点，世俗大众再不理解，他自己心里也足够清楚和坚定，还需要谁来认可呢？

《儒林外史》中还讲道，知县被轿子抬着亲自来邀请他做客，他说：“不见那段干木、泄柳的故事么？我是不愿去的。”段干木、泄柳为何人物？他们的共同点就是都曾拒绝权贵。段干木为了躲避来请他做官的魏文侯翻墙逃走，泄柳曾在鲁穆公拜访时坚决闭门不见。段干木最终还是被魏文侯打动，辅佐魏文侯称霸中原，这与王冕的终身不仕并不一样。王冕爱以古代贤人自比，作有这些诗句：“草堂欲作梅花梦，忽忆南阳有卧龙。”“平生伊吕志，耕钓岂无为。”以诸葛亮、伊尹、吕尚等自喻。他曾仿照《周礼》写过一卷书，随身携带，不与外人看，直到晚上才拿出来读，边读边念叨：“我还没死呢，如果拿着这卷文书遇到了圣明的君主，那么成就伊尹、吕尚那样的事业也不是难事了。”可见他的确心怀抱负，他的才学也配得上，只是碍于时代限制，没能走上通达大道。王冕卖画为生，要量取画卷的长度换算收取的价格，有人因此讥笑他，他直言不讳：“吾借是以养口体，岂好为人家作画师哉？”你以为我是有多喜欢给人画画啊，不还是为了混口饭吃嘛？活得实在而明白！倘若有好的家世背景，才艺自然是锦上添花。好像把才艺说成是来陶冶性情格调才够高，可对于贫苦出身的王冕来说，才艺就是用来安身立命的，靠才艺养活自己，实在是没什么好丢脸的。

（四）有远见的人

有了一定的收入后，王冕开始了新生活的探索，他一边为人写字作画攒旅费，一边北上游山玩水。他行至杭州，见有个人牵着一头花驴招摇撞骗，宣称它能听懂人话，引起官府强烈的兴趣。此时恰逢洪水引发饥荒，百姓饿得苦不堪言，花驴却能天天吃着好大米，官府砸钱去看它，把这驴当作宝贝，全然不顾百姓的死活。王冕写下《花驴儿》记录这段离谱的故事："百姓吞声苦饥苦，驴儿啖粟恬如故。江南子弟不晓事，掷金驰逐争先睹。"没怎么见过世面的王冕称这段故事为"奇遇"，倍感愤懑，气得"归来十日不食饭，扼腕攒眉泪如雨"。

他一路北上，本意是要进行轻松愉快的旅游，不曾想总是看到哀鸿遍野之景，因而常常心情沉闷。《儒林外史》中王冕拒绝知县上门时，邻居秦老就劝他识相一点，不要得罪知县。他痛斥那知县仗势欺压百姓，说道："这样的人，我为甚么要相与他？"《竹斋集》收录的王冕诗歌，同情人民苦难、谴责豪门权贵的作品也占多数。比如他在元大都写下的《南城怀古》，尾联用"书生慷慨何多感，转忆轮台汉武皇"抒发作为文人的无奈与感慨，感慨汉武帝那样的英雄已然远去，今日的国家被外族侵占，早已不复往日的盛况。他曾直截了当地怒斥朝廷中的贪官污吏"总是无知痴呆相"，但作为一个"百无一用"的读书人，也只能伤感道"老儒有识何以为，空指云山论文献"。有一日，他画了一幅梅花，名为《南枝春早图》，在旁边题下"冰花个个团如玉，羌笛吹他不下来"的句子。"羌笛"是少数民族特有的乐器，喻指少数民族统治的元朝，两句

南枝春早图（正枝）

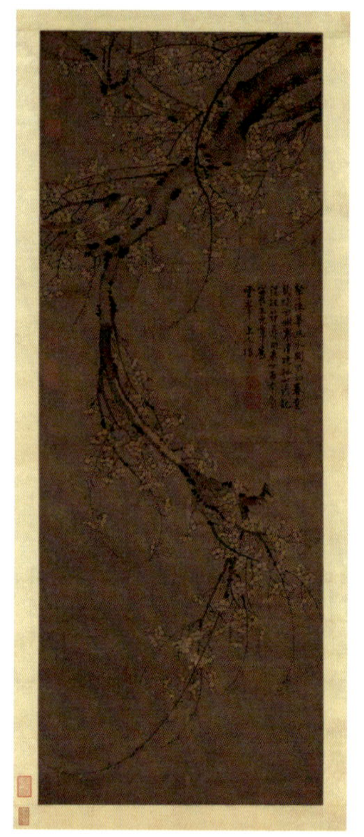

南枝春早图（倒枝）

话暗暗抒发对异族欺辱压迫的抨击，是对权贵无情的讽刺。传到朝廷那里，有人想要逮捕他，王冕赶紧偷偷南下回乡。

南归途中，王冕遇到黄河决堤，大水淹没了百姓的房屋，官府眼睁睁看着百姓四散逃窜，不采取半点行动。

王冕不由得一声叹息，说道：黄河北流，看来不出十年必定天下大乱，元朝就要灭亡了，自己也无能为力，只好回乡遂愿。在元大都，王冕的老友泰不华也给他推荐工作，轻视功名利禄的王冕早已拒绝了多次这样的邀请，怎肯动摇？他力辞不去，直言："不到十年，这里就要被夷为平地了，还当官干甚？"回乡后，他也大肆宣扬天下要大乱的消息，乡里人都认为他是在造谣、胡言乱语，把他当成疯子。

（五）隐居九里山

小说中，王冕母亲临终前担心身边的人会继续劝王冕做官，就对他说："我看见这些做官的，都不得有甚好收场。况你的性情高傲，倘若弄出祸来，反为不美。"可以说，王冕母亲不仅非常懂孩子的心，还很了解现实状况。王冕心不在官场，并不单单因为他本人高傲的性格，还和官场局势紧密相关。事实就是，关于当官，他不但"不愿意"，而且"不适合"。母亲这一番诚恳的话语，更加坚定了他不仕的信念。

多年来，王冕游荡于江湖，飘离于草野，时不时写一些讽刺权贵的诗文。在朝廷看来，很明显就是妖言惑众，哪里容得下他？聪明如他也深知这一点，于是他回到老家后，就躲进了诸暨枫桥镇北九里山的水南村，搭起三间茅庐，从此开始了隐居生活。他白天栽培梅、杏、桃，种菜种粮，引水养鱼；晚上读书写字、作诗作画，生活贫寒却闲适惬意。他早就习惯用身体与老天、与土地抗衡的生活，日出而作，日落而息，也没有离开过钟爱的书画，又是自己真心实意的选择，他怎会叫苦？这样的日子更加契合了他遗世独立的人格，也促使他追求精神自由的心态越来越成熟，越来越有践行的空间。当一个人知道自己为什么而活，他就可以忍受任何生活。

后来果然如王冕所言，元末农民起义在汝州、颍州等地竞相爆发。朱元璋起义军攻占婺州，将攻绍兴之时，看中了王冕的才华，想让他来自己军中做咨议参军，王冕以出家为由婉拒，把房子舍为白云寺。这已不是他第一次拒绝为官，即便这位邀请者是明朝开国皇帝，有远见的他可能也预料到了这一点，但依旧没有动心。就在朱元璋离开后不久，王冕便病卒于九里山上。《儒林外史》作为一部讽刺小说，讽刺的对象是封建大背景下那些把功名富贵视为珍宝、穷尽一生去追求的假儒士。王冕在开篇出场，用第一回标题的话讲就是“敷陈大义”“隐括全文”。他就像一面镜子，清晰地照见了后面“儒林”中人的荒唐和可笑。卷首词中讲道：“功名富贵无凭据，费尽心情，总把流光误。”只要还爱着点什么，只要心中还燃着追求的热焰，只要每天依旧诚恳地劳作着，一日又一日地投入，生活自然会结出它的果。哪怕不是科举考试得来的官爵，也足够让人内心丰盈，感受到没有被流光抛弃。王冕常常被认定为《儒林外史》中仅有的几位“真儒士”之一，吴敬梓称他性格嵚崎磊落，是理想的传统文人典范。要有多高洁和坚定，才能一次又一次抗拒功名利禄的诱惑，宁愿在美丽的诗句和字画中慢慢老去。

这世上，总有人是不爱银钱的。

（六）清气满乾坤，天地万里春

隐居时，王冕对梅花的喜爱渐增，种了千株梅花，把自家的茅屋称作“梅花屋”，自号“梅花屋主”，也画过许多梅花图，有《梅谱》传世，为早期画梅理论著述。《墨梅》便是在这一时期创作的。这首小诗有些特别，从小到大看过许多版本，“我家”“吾家”、“池头”“池边”、“朵朵”“个个”、“颜色好”“好颜色”，随便问几个人，背出来的《墨梅》肯定会有些细微差别，不过这些都不影响诗歌的意境。最有趣的是，有的版本中把“只留清气满乾坤”改成了“只流清气满乾坤”，我便想，假若是“留”，似乎就是“只有香如故”那样的静态美，清气很稳当地留了下来，不会泯灭；假若是“流”，更像“暗香浮动月黄昏”的动态美，这股清气不断蔓延，在萦绕，在荡漾。不同的意味，同样的高洁。参考那首著名的《白梅》，也可窥探王冕的意志：“冰雪林中著此身，不同桃李混芳尘。忽然一夜清香发，散作乾坤万里春。”典型的托物言志，冰雪中凌寒绽放的梅花，是他自己的化身；春日里盛放的桃李，正如那些在朝为官的人，固然光鲜，但早就沾染了洗不掉的“尘”，要那点“芳”有何用？高洁之名独属于梅花，桃李无份，一壶梅香到天明，清淡出尘。

玛瑙坡前梅图

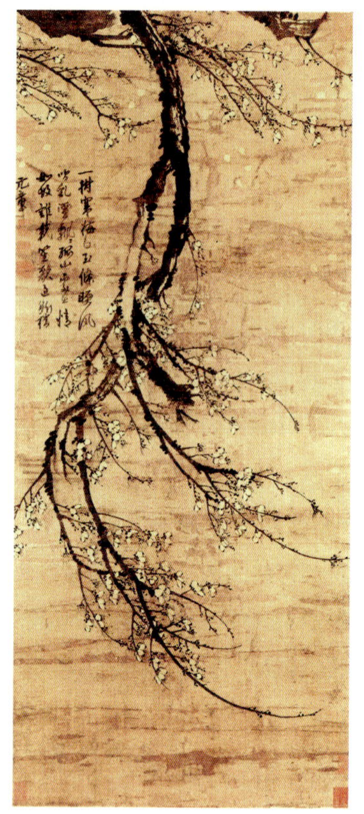

行书寒梅图

这世上的梅花有多种色彩，红色、白色，还有黄色，唯独没有黑色的墨梅，王冕为什么要创造这样一种梅花形象？“不要人夸颜色好”，他根本没打算让世人夸赞他画笔下的梅花，因为这梅花全然没有“好颜色”。纵观其一生，与梅花的高洁傲岸别无二致，即使没有显赫的出身，也从不低头向世俗献媚，只愿给人间留下清白的美德，用一生诠释"富贵于我如浮云"。"只留清气满乾坤"，其实这不仅体现了王冕的高洁，更传达了他倾听自己心声、不活在世俗眼光中的人生信条，真正掌控好自己的人生，能更加大胆、自如、舒展地生活。他在向世人敞明自己的心怀：我画的梅花，在世上一定找不到；我这个人的气节，在我所处的这个时代也十分稀少。这一刻，王冕和墨梅达到了灵魂上的统一，让所有人见到墨梅就会想到王冕，见到王冕就会想到墨梅。有意思的是，《儒林外史》里多处提到王冕善于画"没骨的花卉"，但站在历史角度看，他笔下的花卉，十分"有骨"！

这墨梅虽然仅存于画中，但依然能像"忽然一夜清香发"的白梅一样，为天地带来万里新春，余香袅袅，画里画外，皆是春意。

王冕的一生，可以用一个字——"清"来概括。他终身都过得清贫，从未享受过锦衣玉食的生活，他特立独行，有着清高的作风。性格孤傲的他自视清高，也确实足够清高，满腹才华却与世俗的尘气绝缘，鄙视权贵，隐居山林，做着最简单、最清白的事，寄情梅间，涵养着似梅之清香般清澈的心灵，也真正成为人间的一股清流。

世上本无墨梅，但我们愿意相信有，而且能开出千万朵。

杨维桢:诗书力变一代新

诸暨,一个人杰地灵、山清水秀的江南宝地。这里孕育了众多的历史文化名人,诸暨三贤就是其中的杰出代表。这里要讲的是诸暨三贤之一杨维桢的故事。杨维桢(1296—1370),元末明初著名诗人、文学家、书画家和戏曲家。字廉夫,号铁崖、铁笛道人,又号铁心道人、铁冠道人、铁龙道人、梅花道人等,晚年自号老铁、抱遗老人、东维子,绍兴诸暨(今浙江绍兴)枫桥全堂人。

(一)楼中苦读

杨维桢打小就非常聪明,他父亲认为他能继承并弘扬杨家的家学。在父亲的督责下,他从小就读《春秋》和唐诗宋词等经典,他的父亲担心杨维桢浪费了上天给他的天赋,思来想去,竟然斥巨资在他家附近的铁崖山脚下建造了一座专门用来读书的楼,并且把家中所藏的上万卷的书都搬了进去,让杨维桢上楼读书。我们可以猜想当初父子俩应该是有一番极富教育意义的对话的，想让一个十来岁的小孩去相对孤立的环境中读书，是违背孩子天性的，但杨维桢还是听从了父亲的教诲，和他的堂兄杨维易、杨维翰一起上楼苦读。据记载，“先生读书楼上，去梯，辘轳传食，若是者五年”。他们在楼上读书，撤去了上下楼的梯子，用辘轳来传送食物，这样坚持了五年。杨宏在楼的四周种植了数百株梅树，把这个小楼打造成一处极清幽又典雅的所在。我们想这五年，正值青春年少的三个孩子不可能不下楼欣赏大自然的美好，释放自己的天性，“若是者五年”，是强调孩子们的决心和自律。在这五年里，杨维桢的学养有了极大提升，读经典，学书法，养性情，正所谓积学储宝，在家乡的日子为他一生的成就打下了坚实的基础。

（二）仕途三折

杨维桢像所有有良知的读书人一样，在仕途中遭遇了预料中的碰壁。

第一次碰壁。杨维桢在考中进士后，被授予天台县尹之职。这是有实际行政权力的职务，他的父亲杨宏告诫他：“你如今治理方圆百里的地方，一定要谨慎立身。如此你才能对得起国家几年的培养、祖上的福德、师友的相互劝诫。”杨宏是一个立身正直的传统儒士，相信他也早已对世事有清醒的认识，而他这样告诫自己的孩子，想必对官场的险恶早就有了充分的思想准备。杨维桢一上任,就遇上了当地非常腐败且恶毒的官吏。这些人已经总结出了一套拉拢长官的要领,就是一定要发现新任长官的癖好,根据这个癖好来勾引他,进而利用欲望来胁迫长官。杨维桢由于早有准备,他拥有良好的家庭教育、读书养就的浩然正气、长期的自律等,所以抵御住了这批黠吏的威逼利诱,并且把其中的领头的绳之以法。他本以为从此可以澄清当地吏治,但是他没想到的是,这批人深耕官场多年,早已与更高级别的官僚们结成盘根错节的关系。他们很快进行了反击,利用更高层的关系将杨维桢罢免。这是对杨维桢政治理想的第一次打击。

第二次碰壁。当杨维桢 39 岁时,朝廷终于又对他有所任用——钱清(今绍兴柯桥的一个镇)盐场司令(相当于一个县的盐务长官)。这显然是降职了。一个识时务的人如果经历了上一次的挫折,这一次一定会“改邪归正”了。但杨维桢却不是这样的人。他一上任就发现,盐税太高了,老百姓都承受不了。他的诗集中有《卖盐妇》:“妾心如水甘贫贱,辛苦卖盐终不怨。得钱籴米供老姑,泉下无惭见夫面。君不见绣衣使者浙河东,采诗正欲观民风。莫弃吾侬卖盐妇,归朝先奏明光宫。”他三番五次向江浙地区的行政长官说明这种情况,但是根本没有人搭理他,他后来竟提出辞官来引起上级注意,终于为当地百姓获取了减免三千文的福利。这一次杨维桢的为民请命,看起来是取得了胜利,实则不然。不久,他父亲去世，他要丁忧三年（古代父母去世，需要守孝三年，叫作丁忧）。没想到此一去竟让他赋闲十年。

第三次碰壁。至正初，朝廷诏征天下儒臣，修辽、金、宋三史。朝廷中因修史发生了有关“正统”的辩论。这是一个史学家很重视的问题，即在历史的叙述中宋、辽、金三朝，哪一个才是正统。当时的一个重要的大臣修端认为辽、金和宋一样都是正统，而杨维桢则不同意这种观点。为此他写了《三史正统辩》。这篇文章是杨维桢极重要的文章，它鲜明地表达了杨维桢的政治观点，词锋凌厉，有无可辩驳的雄迈之气。贝琼的《铁崖先生传》将其全文收录。杨维桢认为于汉之后，以下的顺序是晋、隋、唐、宋、元。在他看来，辽、金不是正统。文章从《春秋》义法，讲到《资治通鉴》纲目，列举了大量史实证明元当承宋的观点。这真是与修史总裁大唱反调。非但如此，他还批评修史诸人：“今日堂堂大国，林林巨儒，议事为律，吐辞为经，而正统大笔不自竖立，又阙之以遗将来，不以贻千载纲目君子之笑为厚耻，吾又不知负儒名于我元者，何施眉目以诵孔子之遗经乎？”就是说，我们这么多的读书人怎么就分辨不出正统呢？难道这也要留给后代再定夺吗？这种分不清正统的做法还对得起当年孔子所说的华夷之辩吗？当然最终总编修官脱脱还是采纳了杨维桢的观点，以宋为正统了。但是经此一事，他对朝廷彻底绝望，从此开始了放浪形骸、恣意享乐的生活。

铁笛图

（三）放浪与文妖

在中国文化史上有很多文人被冠以雅号，如最著名者——诗圣杜甫、诗仙李白、诗佛王维、诗豪刘禹锡、书圣王羲之等。但杨维桢则不然，在他在世的时候就被有的人呼为“文妖”，这可真是一个耸人听闻的称呼。

送给他这个“雅号”的是王彝。王彝，字常宗，以学行纯正、文章典雅被学者视为嘉定文脉发展的源头。他认为杨维桢五十岁以后的诗文非常香艳，有违圣道：

余观杨之文，以淫辞怪语裂仁义、反名实，浊乱先圣之道。……余故曰：会稽杨维桢之文，狐也，文妖也。噫！狐之妖，至于杀人之身，而文之妖，往往使后生小子群趋而竞习焉，其足以为斯文祸非浅小。文而可妖哉？

意思杨维桢的文章通过花言巧语破坏了孔孟的仁义大道，所以杨维桢是文章中的妖魔。狐妖的危害仅仅是害人性命，但是文章妖魔却会带坏后代的读书人。这样的文章对于文化建设破坏很厉害，做文章怎么可以这样妖魔呢？五十岁以后，杨维桢的诗文书法确实与传统的审美规范产生了巨大冲突，而这种冲突的根源在于他个人行为的放浪、怪诞。他的放浪表现在他的自嘲以及私生活的放荡。他在庭院的楹联上写着：“客至不下楼，恕老懒；见客不答礼，恕老病；客问事不对，恕老默；发言无所避，恕老迂；饮酒不辍乐，恕老狂。”这老懒、老病、老默、老迂、老狂的自我画像，反映出他的无奈、孤傲和愤疾。出于对现实的失望，个人理想、抱负的破灭，只能以这么一种方式表示他的不满和反抗。这是一种补天无法的无奈，也是个性动力变态的发泄，或者说是灵魂裂变的消极反响。到了人生最后十年，他更放荡不羁，耽好声色。明初的大文学家宋濂在给杨维桢写的墓志里真实地做了记录：

晚年益旷达，筑玄圃蓬台于松江之上，无日无宾，亦无日不沉醉。当酒酣耳热，呼侍儿出歌《白雪》之辞，君自倚凤琶和之，座客或蹁跹起舞，顾盼生姿，俨然有晋人高风。或颇加诮让，亟骂曰："昔张籍见韩退之，退之命二姬合弹筝琶以为乐，尔谓退之非端人邪？"

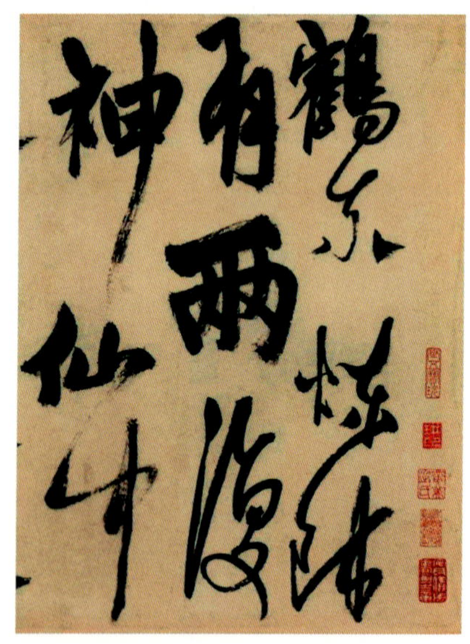

题邹复雷春消息图卷

杨维桢晚年时更加不受礼法的约束，在松江修筑了玄圃、蓬台，每天邀请朋友来畅饮。当大家喝到兴起时就叫出家中的歌妓来唱歌助兴，杨维桢也会亲自伴奏。这种行为受到某些人的诟病，杨维桢听说以后就反驳说："你难道不知道张籍见韩愈，韩愈也会命歌姬来唱歌助兴，难道韩愈不是品行端正的人吗？"此外，杨维桢还娶了四个侍妾：竹枝、柳枝、桃花、杏花，经常带着她们乘坐画船四处闲游。每到豪门巨富家时，这些人都会盛情邀请杨维桢往府上畅饮欢歌。当时就有人做了俗歌来讽刺他："竹枝柳枝桃杏花，吹弹歌舞拨琵琶。可怜一个杨夫子，变作江南散乐家。"杨维桢人生态度的转变幅度确实很大，近乎割裂：青壮年、中年的为民请命，以天下苍生为己任，真的是以儒家圣人的品格要求自己；五十岁以后一变而为放浪形骸，不拘形迹，恣意享乐，成了"江南散乐家"。这种转变必然与对现实政治生态的绝望有关，也跟当时社会动荡造成的生命短暂、当及时行乐的思潮有关。从深层次讲，他将人生角色进行了调整，不再以儒家的内圣外王来设定人生理想，而是调整为放浪形骸的艺术家、狂士来完成生命的塑造，只是这个调整有点出乎一般人的意料。他曾在晚年的一首诗中对自己的心路历程进行了说明：

壮志凌云气食牛，少年何事苦淹留？
狂歌鸣凤聊自慰，旧学屠龙良已休。
台阁故人俱屏迹，闾阎小子尽封侯。
愁来按剑南楼坐，寥落江山万里愁。

可能杨维桢在角色调整之初,似乎仍旧带着一些与过往刻意反向而行的矫情和偏执,但是后来他渐渐适应了这种角色转换之后的生活,甚至爱上了这种生活方式,因为这使他的诗歌、书法、音乐等才能都上了一个新的台阶。

(四)玉山雅集

玉山雅集本是松江人顾瑛发起和组织的,在元末持续十多年,参与人数上百,以其诗酒风流、宴集唱和名世,其唱和作品集被《四库全书总目提要》赞为“文采风流,照映一世”。杨维桢在杭州组织了西湖竹枝酬唱的诗会,当时参与诗会的都是在元诗史上有名的诗人,有萨都剌、杨载、虞集、揭傒斯、倪瓒等,杨维桢作为文坛宗主的地位日益得到认可。以至于有位姓蒋的富商想请他主持家塾,杨维桢提出三个条件,主人都答应,而且一去就是三年。哪三个条件呢?一是“不拘日课”,就是教学计划和实施全由杨维桢说了算。二是“资行乐费”,就是要供应杨维桢游玩的费用。三是“卜别墅以贮家人”,就是要选环境好的大院子把家人接来一起居住。此时在松江的顾瑛也早已仰慕杨维桢,于是在杨维桢结束蒋家三年的家塾生涯之后,邀请他去顾家主持家塾,他自然而然地成为玉山雅集的灵魂人物。这个雅集,虽然在名头上不如兰亭和西园,但是它却是一个不定期举行的文化沙龙,持续时间近十年,而且参与其中的人几乎囊括了元末明初诗、书、画领域的主要代表人物，包括柯九思、黄公望、倪瓒、杨维桢、熊梦祥、顾瑛、袁华、王蒙等。其唱和作品集中所收诗人甚至达到八十人之多。绘画元四家中的黄公望、倪瓒、王蒙先后都出入过玉山草堂，元末江南文人画家中的重要代表张渥、王冕、赵元在玉山草堂留下过诗书画合璧的佳作。玉山雅集从内容到形式一般可以归纳为九个"必有"：必有名士，必有醇酒，必有美姬，必有良辰，必有好景，必有佳题，必有诗咏，必有汇集，必有不朽。这九个必有中八个是与过去雅集一样的，可以说是延续了雅集传统，唯独"必有美姬"为前代所无，由此可以看出当时社会的一些流行风尚。

（五）奇绝的书风

杨维桢的诗歌最具代表性的是他的古乐府诗，既婉丽动人，又雄迈自然，史称"铁崖体"，被元以后文人所推崇。杨维桢的书法主要是行草和楷书。他的书法和他的诗歌在审美取向上互通，都是力图突破元代以来平稳工整的范式，通过独特的笔墨、语言抒发自己狷直的个性。在杨维桢之前，不论是二王还是颜真卿，都在法度和个性之间取得了微妙的平衡。尤其是宋末元初的复古大师赵孟頫更是使书法的法度和纯熟达到了化境。而杨维桢的书法则对此传统进行了大胆革新，他的代表作有很多，比如著名的《真镜庵募缘疏卷》《游仙唱和诗册》《梦游海棠诗卷》等。这些书作，粗服乱头，真、行、草相互夹杂，

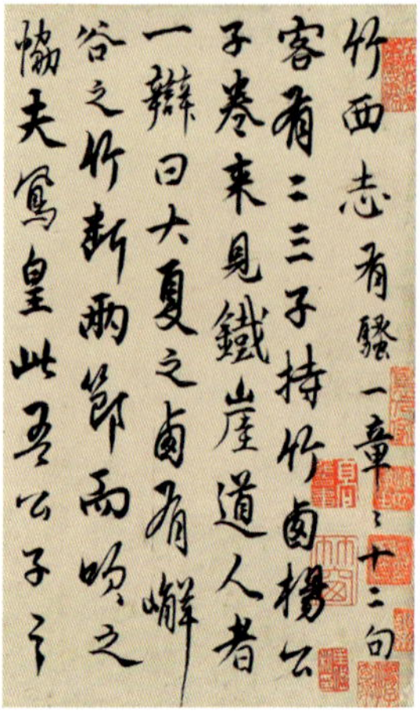

竹西志

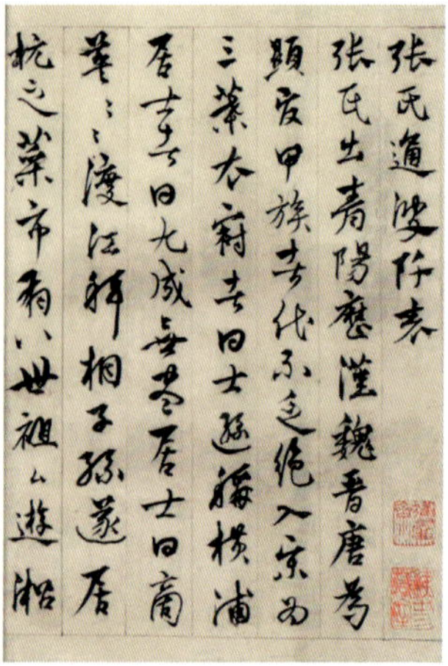

张氏通波阡表

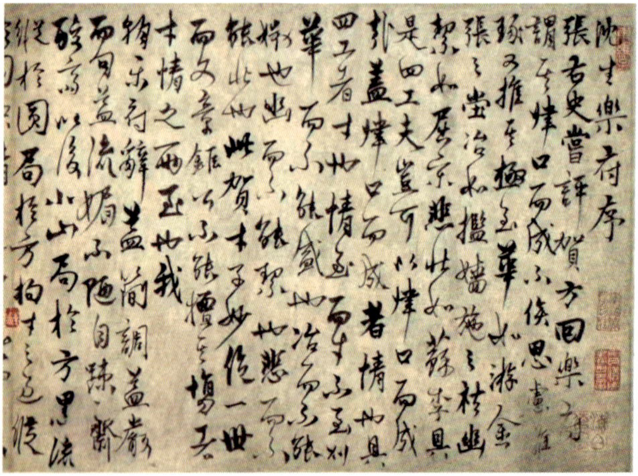

沈生乐府序

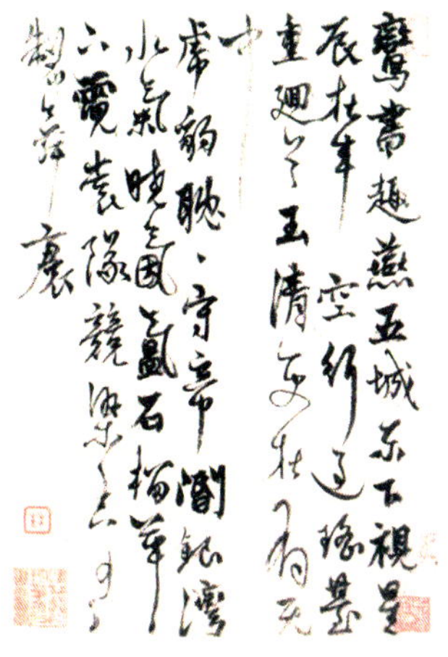

游仙唱和诗册

梦游海棠诗册

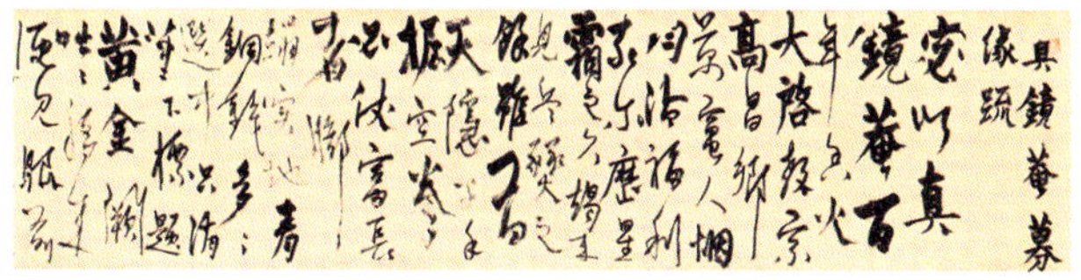

真镜庵募缘疏卷

捺画时以章草波磔挑出，颇有奇古之势；结字欹正多变，长短参差，轻重起伏，大小悬殊；章法更是突破传统格局，字距常大于行距，使观者产生很大的视角反差，在貌似零乱错落的章法中，产生一种跳荡、激越的节奏，而整体上却如千军万马奔腾而来，气势逼人。明代书法评论家吴宽评他的书法，如“大将班师，三军奏凯，破斧缺斨，倒载

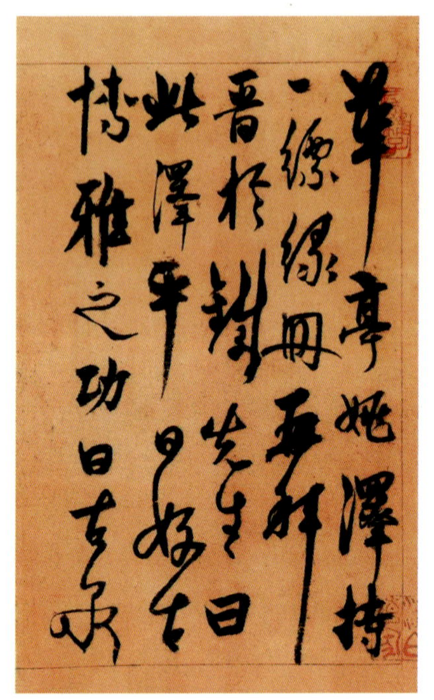

草书题钱谱书册

而归”。的确是十分生动形象的比喻。他的书法在元代显然属于“反潮流”之举，以一种完全不同于时代的书写方法和特有的狂纵风格，表现其超逸凡尘的倔傲性格，故能独树一帜。这种书法风格对明代中后期的倪元璐、王铎、张瑞图等显然产生了影响。虽然在书法史上，杨维桢的风格很有启发意义，但假如带领孩子们学习书法，杨维桢绝不是一个好的临摹对象。

（六）尾声

元朝灭亡了，朱明鼎革。洪武二年(1369)，朱元璋颁圣旨召集天下有名的文人编修礼乐大典，杨维桢当然在征召之列。然而杨维桢由于对官场仕途的绝望，表示宁死也不会入仕。朱元璋答应了他的请求，杨维桢用了约三个月拟定出了礼乐书的体例作为回报，然后白衣还乡，不久去世。宋濂赠杨维桢诗："不受君王五色诏，白衣宣至白衣还。"民间有一个这样的传说：朱元璋派侍卫带上兵器去"请"杨维桢，杨维桢早料到如此，收拾包裹赶紧逃走。在路上，侍卫看到一位书生，相貌和杨维桢有些相似，便急忙跟踪。不承想，此人在一座名叫"紫旸宫"的道观前停了下来，对着牌匾念道"柴汤官"。侍卫听到后十分惊愕，叹息道："他不识字，应该不是杨维桢。"然后到别处去寻找。而这个人其实正是杨维桢，他见侍卫离开，成功抄小路逃走。这个故事的真实性值得怀疑。这时的杨维桢已经七十多岁，显然是跑不动的，民间流传这样的故事只是表达对杨维桢不贪权势的尊重。与杨维桢不贪恋权势不同的是，当年撰文批评杨维桢是"文妖"的王彝入仕新朝，但后来因为些许小事，被朱元璋杀掉了。

徐　渭:天生南腔北调人

几间东倒西歪屋,一个南腔北调人。

莽莽会稽山,攒攒出人杰。他们为绍兴留下了璀璨的精神遗产,绍兴则保留着他们曾经生活过的踪迹,也许是刻在一块青石板上,也许是写在某处的黑瓦素壁。其中,坐落在观巷的一间名叫榴花的书斋,并不起眼。然而,它带点浪漫气息的名字似乎是一种征兆。1521年,一个名叫徐渭的婴孩在这条巷子中呱呱坠地。往后的二十余年里,他在斋中与笔墨书简为伴,飞快成长。后来,为了符合自己的名号,他将榴花书斋改作青藤书屋。一条夹杂着无数痛苦和寂寞的天才之河,即发源于此。

徐渭,字文清,又字文长,号青藤、天池、田水月,山阴(今浙江绍兴)人。木心曾说,绍兴是有骨的江南。正如唐伯虎之于苏州、李卓吾之于晋江,徐渭对于绍兴而言,就是它的筋骨与魂魄。

（一）小时了了，科举蹉跎

徐渭祖辈多为出仕为官的读书人，其家虽非豪门大族，却也称得上书香门第。徐渭四岁便通晓礼法，六岁可日诵千言，有过目不忘的能力。八岁学习八股文的写作，当时就有“谢家宝树”“早慧杨修”的美誉。同时，他兴趣广泛，转益多师，十余岁时已经掌握弹琴、制曲、击剑、骑射等技能。十六岁时，更是效仿扬雄《解嘲》的体例创作出自己第一篇文章《释毁》。参照历史就会发现，徐渭早年的生命轨迹和那些声名显赫的大儒是何其相似啊！照这样发展下去，他未来成为其中的一员，似乎是板上钉钉的事。

在求学和成长的过程中，徐渭受到许多人的潜移默化和慷慨相助。山阴人萧鸣凤为人清廉耿直，因出言无忌而在官场屡次碰壁，后回到老家闲居。他与徐渭亦师亦友，彼此赏识，其性格无疑对徐渭产生了深远影响。而如果没有山阴知县刘炳，徐渭或许免不了像当时儒生一般陷入八股文的泥沼中。正是他告诫徐渭“务在多读古书”，不要翻来覆去背那些千年未改的经文义理；也是在他的指点下，徐渭充满自信地走上了“学而优则仕”的道路。科举制度当然不是为了平庸之人而设，却也并非适合所有类型的天才。徐渭身上有李太白式桀骜不驯的个性，和僵而不死的选拔制度是那样格格不入。自十九岁走上科考之路，到四十岁，徐渭共九入场屋，却连乡试都未曾考中。当然，他的才华并非无人赏识，在第二次考取童生失败后，他写了

《上提学副使张公书》向当时的主考官自白。书中自叙悲苦的家庭背景与勤奋的读书经历，文采斐然，竟打动了一众考官大人。他们同意其复试，并最终录取徐渭为秀才。在参加秋闱的过程中，有一位叫作薛应旂的主考官非常欣赏徐渭的文章，称赞他每句话都不是一般人所能写出的，很有诗鬼李贺的风范，并定他为乡试初试（当时乡试有初试和复试）第一名。不承想，这竟是徐渭一生取得的最高功名。

徐渭在科举一路上走不通，原因是多方面的。除了个性突出，不愿受八股文条条框框的束缚外，与他平生所学广博芜杂——就是于课外闲书用力多，背知识点却不太上心有关。同时，徐渭受老师萧鸣凤引导，对陆王心学表现出浓厚兴趣。王阳明“心即理”“知行合一”的人生观、世界观和要人“致知格物”为圣贤的方法论，尽管很受文人和市井百姓的欢迎，但对统治者来说却不免为“斯害也已”的异端邪说。当然，经过近千年的发展，科举取士制度已经到了生锈僵化的地步，徇私舞弊、颠倒黑白的“人情世故”大行其道，徐渭亦极有可能受此毒害而名落孙山。不过，对他来说，下第未必不是一件幸事。

以徐渭的心气，在屡次受挫之后仍没有就此放弃科考，其原因是值得深思的。他表现出对科举复杂矛盾的情感，至少有两个原因：一，无官则无禄，那便无法养活自己、支撑家庭。在古代，“男儿致身应须早”，一个读书人往往以依赖父母家族为耻。何况徐渭出生百日，父亲离世；十岁，生母被逐出家门改嫁；十四岁时，继母苗宜人去世，自己只能依靠两个同父异母的大哥徐淮、徐潞。家道中落，两位大哥又各自有家庭，无法真正照顾到他。徐渭有强烈的自尊心（关于这一点，徐渭一生的所有选择和行为都受此影响。根据其自传《畸谱》所言，他对继母苗宜人养育和教化感恩戴德，愿意以命相报；但对其驱逐生母的无情事实，他亦刻骨铭心。同时，他与生母的关系也非常微妙，首先是不称其名，对其生平事迹的描述几乎不存，似乎感情比较冷淡，可能是介怀于她徐家小妾的身份；但就其对生母被逐一事的态度以及二十九岁时接回生母的行为看，并参考其平生用情之专一浓烈程度、对礼法的藐视态度，徐渭似乎又相当怀念和爱护这位姓名模糊的母亲），自然不愿意长久寄人篱下。二，仕和隐的情结。这不仅是徐渭的心理矛盾，还是古往今来多数有志之士的心理矛盾。徐渭知道自己的才华，别人也以天才期许他，甚至连整个时代都无时无刻不在呼唤一个天才。这不只是自尊，更是一种责任。在传统社会的期许中，仅仅在诗文书画上有所成就不是最高的功业。所谓"太上立德，其次立功，其次立言"，舞文弄墨，甚至称不上是立言。然而，游山玩水是没法实现理想的，理想之花的根本在现实的土壤。何况"四十五十而无闻焉，斯亦不足畏焉"，他必须抓紧时间。因此，纵然有鲲鹏那般垂天的羽翼，他也不得不钻入科举这粗糙的缰绳，即使这般折中妥协让他辗转难眠、如坐针毡。

在四十一岁落榜后，他在《省试周大夫赠篇罢归赋此》

一诗中，表现出对自己的失望、怀才不遇的感慨、对亲人的惭愧以及想要放弃出仕、另择活法的打算。无疑，尽管这对徐渭来说未必是心甘情愿的正解，但确实打开了他人生的新篇章，并最终成就了他自己。

（二）君子不器，与世圆方

徐渭半生漂泊，潦倒终年。其中有多方面的缘故。一则他自与富贵无缘。《论语》云："死生有命，富贵在天。"他在《自为墓志铭》中坦然承认，自己不善于营生，到晚年穷困，甚至于没有下葬的钱财。他又曾经在画牡丹时自嘲，自己是兰花、竹子的性格，与富贵花的气质风马牛不相及。二则他举目无亲，不得接济；家门不幸，更是雪上加霜。大

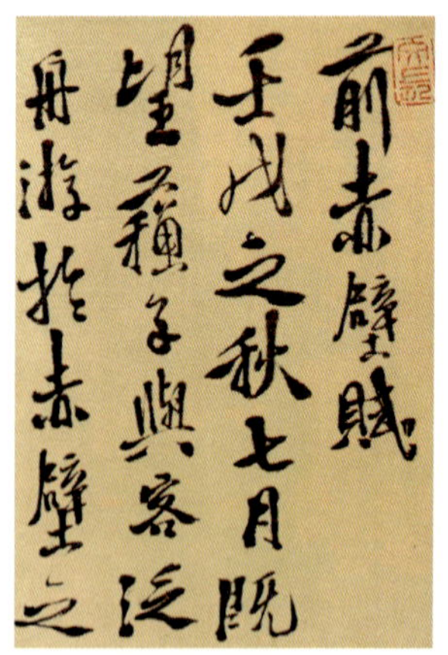

前赤壁赋

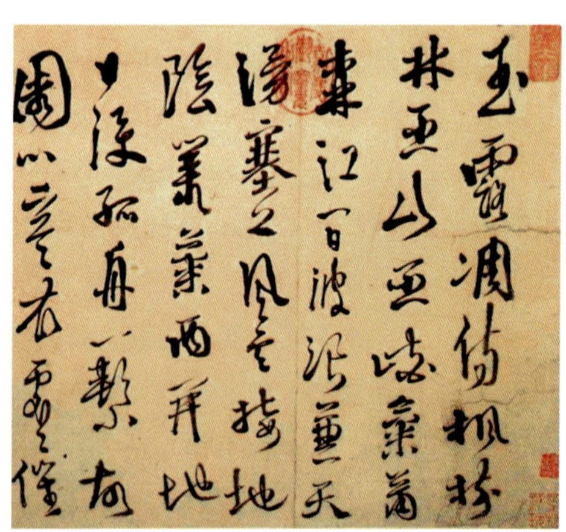

秋兴八首

儿子顽劣不驯，不仅偷鸡摸狗，惹是生非，还早早与徐渭分家决裂；二儿子虽然孝顺，但由于入赘的尴尬身份，也拿不出多余的钱财。明代文学家陶望龄在给徐渭立传时，说他最后十几年天天辟谷不吃饭，虽然有些夸张，却也侧面反映了一些现实情况。据徐渭自己的《卖书诗》，晚年的他的确已经到了不将藏书、字画、乐器卖掉则无法存活，连家居用品也都破烂不堪，最终只好睡在干草堆上的地步。

对于他不善为富贵之事一点，我还希望从性格、思想的角度做进一步探讨。徐渭称自己懒惰、性子直，厌恶虚伪做作。行商坐贾之职，道德原则比较灵活，显然不适合他。进一步说，杜甫尚且不愿以文章闻名天下(《旅夜书怀》"名岂文章著")，李白还要做管仲、晏婴来辅佐帝王(《代寿山答孟少府移文书》"申管晏之谈，谋帝王之术")，假如徐渭真成了一个成功的书画商，他也无法在九泉之下面对古人吧！

但就像他《梅花》诗"曾闻饿倒王元章，米换梅花照绢量。花手虽低贫过尔，绢量今到老文长"所描述的那样，对于卖书画这样有辱斯文的行为，他坦然并且以一种轻松幽默的方式承认了。只是在调笑般的语言背后，我们必须窥见他深埋的无奈和苦痛。杜甫《丹青引赠曹将军霸》"将军画善盖有神，必逢佳士亦写真。即今漂泊干戈际，屡貌寻常行路人"，其中郁郁不平的感慨和对曹霸大材小用的惋惜与徐渭的境况多么相像！徐渭曾自许"书法第一，诗词第二，文章第三，画艺第四"，如此自信自负的心态，使他既不甘于仅仅以书画为"平生珠玉"，又不甘于让这仅有的"珠玉”蒙上凡尘。不过，孟子的一句话或许能让我们更好地理解徐渭的矛盾，他说：“仕不为贫，而有时乎为贫。”衣食住行，总是人性这个复杂结的朴实之开端。不为五斗米折腰，不是因为陶渊明忸怩作态；劳烦先主三顾茅庐，不是因

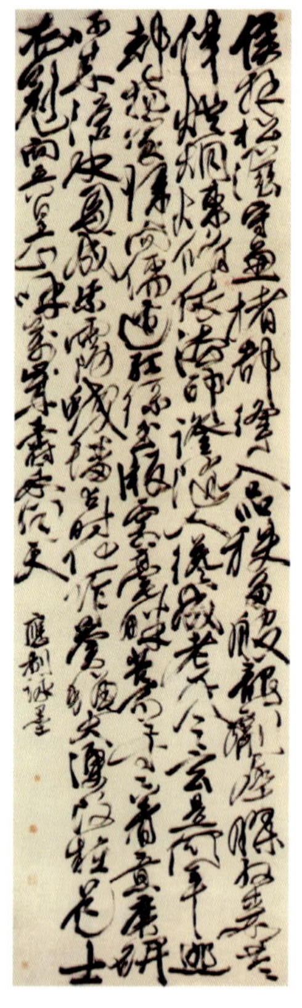

草书立轴

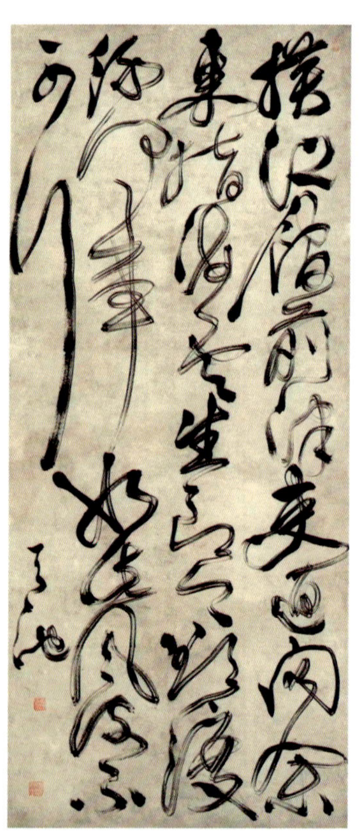

草书横江词

为诸葛亮举棋不定，道理相似。

因此，一旦满足了温饱，徐渭还是那个徐渭，即使人家千金来求字画，他也毫不犹豫地拒绝。他不仅毫不沾染一般文人的酸腐和庸俗气，还以书画自尊自爱。陶望龄《徐文长传》中提到徐渭极端厌恶大富大贵之人，绍兴当地的官员凡是想要求见的，大多拒之门外。有一次，一个机灵的小吏趁着通报姓名的工夫，在徐渭打开柴门的一瞬间拿身子抵住，想要强行闯入他家里，没想到徐渭力气也不小，一边拿手压着门，一边朝外面疯狂摆手，嘴里还叫唤着“我不在家，我不在家”，搞得人哭笑不得，只好没趣地离开了。当时山阴知县刘景孟听说了徐渭的大名，带了一大堆礼物，由仆僮舆马前呼后拥着来拜访他，毫不意外地吃了个闭门羹。只是这次徐渭写了一首诗向他表示歉意，诗中说道：“不是疏狂甘慢客，恐因车马乱苍苔。”大有追慕陶渊明“结庐在人境，而无车马喧”的意思。刘景孟读罢莞尔一笑，当即穿了一身便服，徒步前往，果然得见徐渭。二人一见如故，相谈甚欢，刘景孟也因此成为徐渭晚年为数不多的朋友之一。由此可见，徐渭并非仇富厌贵，而是从来都怀有一种敢于爱憎的孩童心性。

（三）怨去行禅，狂来说道

徐渭的书论与他的哲学观念是相通的。他在《书季子微所藏摹本兰亭》一文中讲到，世间万事与临摹书法一样，虽然是效仿前人的笔迹，但一点一画都要有自己的思想和精神蕴藏其中。如果在临摹时锱铢必较，只是追求形似，那就会丧失真正的自我，沦为他人笔法的奴隶。而他在理解阐发阳明心学思想的《读龙惕书》一文中，为了反对当时社会存在的以“虚伪”为自然的烂俗风气，特地拈出一例：传说舜的弟弟象随舜进入王宫，好像对自己的行为和身份很羞愧，表现出一副拘谨受礼的模样；一回到家里，马上又变回粗鄙不堪的小人。这说明临摹古人书法取貌遗神，就好比再懂事知礼的象也远远不及舜一般，正是由于其不真诚、不能自然表达自己的缘故。

然而，仅凭此就将徐渭视为抗争封建礼教的斗士，则未免失之浅薄。事实上，在绍兴求学游历的这段时间，对他影响最大的几人都是阳明心学的传人——他的老师萧鸣凤、季本，表兄王畿，友人唐顺之，他们或为王阳明亲传弟子，或曾与王阳明来往周旋，深得其学问道理。徐渭虽不赞成程朱理学靠“灭人欲”，即以外在的名教虚礼、圣人言语来束缚自身，达到“存天理”的境界；却也并不赞同王畿一派以虚妄为自然、以空想为清净，没有具体实践的方法论，这一点，他主要受到老师季本的影响。有趣的是，他在《答北庵上人论明是因暗是缘书》中，将禅宗把本心比作明镜的例子（即著名的神秀和慧能的偈子）脱胎换骨，认为人的良知好比湖水，外界纷纷扰扰的污浊好比藻荇浮萍，尽管不需要像擦镜子一样时时刻刻关注上面的尘埃，却也离不开一次性拔除水草的伟力。由此可见，繁文缛节自然不适合徐渭，但对于言行心迹的法则标准，他自有一丝不苟的态度。

说起徐渭给人的第一印象,除了机敏过人,大概便是狂了。然而,古往今来许多带点"狂"气质的人,他们的精神世界往往是极矛盾痛苦的,譬如阮籍。阮籍的朋友裴楷曾评价他说:"像阮籍这样的方外之士,世俗礼法不是为他而设置的。"阮籍可以为母亲的死哭得吐血,也会闯进陌生人的丧礼大哭一场;他分青白眼看人,因此特别遭人嫉恨;可以很随意地睡在邻家美妇身边,亦不招致其丈夫的驱逐。正是因为阮籍内心真诚淳厚,所以反而显得可爱。他的狂不是源自他复杂的思绪,而是生于纯粹的理念。这印证了鲁迅"魏晋时代,崇奉礼教的看来似乎很不错,而实在是毁坏礼教,不信礼教的。表面上毁坏礼教者,实则倒是承认礼教,太相信礼教"的说法。徐渭生活的时代,较魏晋的政治形势更为复杂,风俗更为虚伪,情况自然变化,矛盾随之加深。哲学思想上,他也许更接近阮籍之真淳自然、用情深切;但在人格上,他并非像庄子"不谴是非,以与世俗处",也迥异于阮籍的"口不臧否人物",反倒接近嵇康的疾恶如仇。无疑,徐渭反对俗世人物口中、笔下高深莫测的道理和冠冕堂皇的经义,却实际做一切媚俗、恶俗、烂俗之事的行为。他所追求的乃是玉帛背后的礼、钟鼓背后的乐。

王阳明曾说:"人们都把没有考中科举当作可耻之事,我却为放不下没有中举的事实、日日夜夜为之劳碌感到可耻。"尽管徐渭没有王阳明这般豁达,但向往光明的心却并无二致。其中最有力的证明便是他和越中十子之一的沈炼的交往。沈炼大概是历史上最著名的锦衣卫之一,他因为直言进谏,詈骂当时权焰滔天、后来遗臭万年的奸相严嵩而为人称颂。不过,这一勇气之举最终为他招来杀身之祸。同为山阴人,徐渭与沈炼的交往并不多,倒是沈炼死后为他写过哀诔和传记。而沈炼对于徐渭的评价虽是"若干年来,举境之内,唯此一人"的极青睐之语,却未免过于笼统单薄。然而,所谓"同声相应,同气相求",只要情意真诚,心有灵犀,亦何异故旧。徐渭在自传《畸谱》中把沈炼归在"知音"这一类中,就足以说明他对沈炼以身殉义的赏悦与追慕。

还有一些只言片语也可以作为二人为知交的证据。沈炼被严嵩及其党羽弹劾后,曾被贬谪到河北保安(今河北涿鹿),而徐渭寄了一首诗相慰藉。后来在为沈炼立传追怀时,他为自己当时没能相助表示惭愧不已。在传记中,徐渭对沈炼的平生事迹如数家珍,并以"奇"字相归纳,以"孝忠"相推赏。他认为沈炼不仅作诗文以险绝称奇,为谏官以忠荩称奇,甚至远在江湖还能关心边防战事,每每以深谋远虑、切中兵机称奇。无独有偶,明代著名文学家袁宏道在写到《徐文长传》的结尾时,感慨道:"梅客生尝寄予书曰:'文长吾老友,病奇于人,人奇于诗,诗奇于字,字奇于文,文奇于画。'予谓文长无之而不奇者也,无之而不奇,斯无之而不奇也哉!"所谓"德不孤,必有邻",徐渭对于这个评价,想必会感到欣慰。

（四）文长的几个小故事

徐渭善于作画，尤其精于花鸟和山水题材，风格高古简淡而时含妩媚，是国画大写意派的宗师。他对所画的对象不求形貌的相似，而是注重展现其神气和情调。对于人物画，这一特点尤为突出。他爱画美人、画梧桐，美人代表美好的品性，梧桐代表高远的追求。由于他常常喝醉后兴起作画，抓起毛笔就随意涂抹，致使笔头如枯枝乱蓬般散裂。然而他毫不在意，随手就能在绢布上画出一位手拂古琴的美人。作画时，只见他对其外形、衣饰均以墨草草勾勒，唯有脸颊两边用皴裂的毛笔加以渲染，顿时使之达到了“活色生香”的意境，美人铅华之外的精气神就如此被徐渭不经意地画出来了。

徐渭一生穷困潦倒，然而他为人疾恶如仇，好路见不平出手相助，又才华横溢，故在家乡山阴远近闻名。一位点心店的店主久慕他的书法，就请他帮忙写点心店的招牌。徐渭正饿得前胸贴后背，便答应下来，只提出一个要求：每天免费提供给他一顿点心。店主觉得一顿饭的代价也并不大，就顺口答应下来了。于是他便为店主写了“点心店”三个字，并故意漏掉其中一点。县里的百姓听说有这样一个奇怪的招牌，就纷纷来光顾这家点心店，生意自然日渐红火。此后，每日徐渭必来吃点心，而且还带着不少朋友一块儿来。久而久之，店主难免腹诽起来，终于在某一日徐渭享受完点心后，店主对他说：“徐先生，我们当初说好的,你每天来免费吃一顿点心,我也都信守承诺。可是,这里面并不包括你的朋友啊!这样,从此以后,你仍然可以每天来吃,只是不能再带其他人了。”徐渭笑了笑,说:“啊呀,店主,我也觉得很抱歉。为了补偿你的损失,日后我也不会免费来吃了。”后来,徐渭果然没再来过。但是,点心店的生意也越来越差,人们都说这家店“点心旡(没有)一点,店主没良心”。店主听说后,连忙拿笔把缺的那一点补了上去。可是这措施并未奏效,反而兴起了另一种说法——“点心加一点,良心黑漆漆”。店主实在无奈,只好又去请徐文长帮忙。徐文长就用红笔在那一点上描了描,这红色的一点很快就再次成为点心店的特色,店内生意也渐渐回暖了。当然,徐文长吃点心的特权毫无疑问便恢复了。

徐渭有一回参加乡试,遇到了一位不按常理出题的主考官。只见堂下学子坐着,主考官走进来拿起一把剪刀,刺在堂前的木桌上就离开了。考生们面面相觑,不知该写什么。徐渭却拊掌大笑,转头对大家说:“你看太爷把剪刀刺进木桌里,这不就是‘起翦颇牧(起剪破木)’吗?”考生们对白起、廉颇、王翦、李牧四位将领都十分熟悉,便纷纷动笔答题。考官听说此事,暗暗对徐渭的机智感到惊讶。

话说当朝有一位窦太师,很受皇帝信任。皇帝有一次问他:“爱卿识字几何?”窦太师回答:“字如牛毛,臣识一腿。”皇帝心想,这牛就属腿上的毛最密,他竟能识得一腿之数？于是皇帝特地挑了几个生僻字给窦太师看，没想到他果然都识得，就赐予太师一块"天下无书不读"的匾。自此之后，太师走到哪里，都带着这块匾。徐渭听说此事后，就在太师必经之路上敞开肚皮就地躺着。窦太师正敲锣打鼓地炫耀他的牌匾，忽然听报说有一个怪人坦腹躺在路中间，感到很奇怪，就亲自下去，叫起徐渭，问他为什么挡在路中间。徐渭笑嘻嘻地说："草民看今天太阳正好，就来晒一晒肚皮里的万卷藏书。"太师一听，好大的口气，就说："既然你喜欢读书，一定还会对课。我有个课要你对，对不出，当心你的屁股！"徐渭哈哈大笑，反问道："如果对得出，那怎么办？"窦太师心想：一个小孩有什么了不起。就随口说："如果对得好，就把全副行当停在这里，老夫步行进学宫！"窦太师想起绍兴南街有三个老台门，便随口出题："南街三学士。"没想到徐渭不假思索，回对："东郭两军门。"窦太师一听，觉得南街对东郭，文官对武将，而且这五个台门都是绍兴城内有名气的，不由点头称赞："奇才，奇才！"这时徐渭突然反客为主，故意问窦太师："太师那块金匾上的六个大金字，作何解释？"窦太师听他问起金匾，马上得意地说："皇上晓得我天下无书不读，因此御赐这块金匾！"徐渭接着又问："那么，太师爷，我这有一本《万年历》，乃是绍兴家喻户晓的书，太师总该熟读吧？"窦太师心下一惊，暗想：不要说熟读，就连书名也没有听到过哩！徐渭于是把早已准备好的《万年历》拿出来，递给窦太师说："太师没读过，草民倒会背。"说着，就朗朗地径自背诵起来,背得又流利,又纯熟。窦太师果然也有些本事,耳中听取,口中默念,等徐文长背完,他也马上背诵了出来。徐渭摸了摸肚皮说:“草民不但会正着背,还会倒着背哩!”于是便开口倒背了一遍。太师又惊又气,却也拿他毫无办法。徐渭笑道:“太师爷既有书未读,那么这块匾将作何处理?”窦太师尴尬地说:“那当然对我不适用了!”于是命令放下了金匾,步行走进了学宫里。

有人用数字来总结徐渭:“一生坎坷,二兄早亡,三次结婚,四处帮闲,五车学富,六亲皆散,七年冤狱,八试不售,九番自杀,实堪嗟叹!”虽然不能完全贴合,但大致把徐文长的一生概括了出来。他生命的光彩并未因他躯体的朽坏而黯淡,反倒是越发光亮起来。明清之际的大思想家黄宗羲写了《青藤歌》悼念他:“此藤苟不遇文长,篱落粪土谁人视。斯世乃忍弃文长,文长不忍一藤弃。”把世界对他的冷漠和他对万物的多情进行了对比。扬州八怪之一的郑板桥刻印一方曰“青藤门下走狗郑燮”,表达了对徐文长的无限崇敬。近人齐白石则说:“青藤、雪个、大涤子之画,能横涂纵抹,余心极服之。恨不生前三百年,或为诸君磨墨理纸,诸君不纳,余于之门外,饿而不去,亦快事也。”

徐渭在他著名的《墨葡萄图》上题诗惋叹:“半生落魄已成翁,独立书斋啸晚风。笔底明珠无处卖,闲抛闲掷野藤中。”如今,那些被抛掷的明珠终于得到了应有的关注和赏识。绍兴市建立了徐渭艺术馆,故宫博物院也把徐渭的作品视若珍宝,这也算为他补上一份迟到的敬重。

墨葡萄图

倪元璐:三奇三足性情真

绍兴上虞区倪梁村保存了两座古桥,两桥相距百米余,是乡人前往祠堂祭祖的必经之路。这两座桥一座为倪梁桥,又名老木桥,居北,与大年堂遥相呼应;另一座为登云桥,俗名三洞桥,位于南边,过三洞桥东行即为倪氏宗祠正门。倪元璐就是从这里走向他忠君报国的理想和对"仁、义、礼、智、信"的践行。

(一)在衣云阁的雅居生活

倪元璐(1593—1644),字汝玉,号鸿宝,绍兴上虞(今浙江绍兴)人。倪家的背景相当显赫,祖上倪僖和倪偁在靖康之难时跟随康王赵构南渡,倪僖后来担任了绍兴通判。倪元璐的父亲倪涷是万历年间的进士,名声相当不错。倪元璐从小聪明过人,17 岁就郡县监司三试第一,接着在 1622 年通过了殿试,成为进士,与黄道周并称"双璧"。崇祯年间,他一路升到户部尚书兼翰林学士。

崇祯八年(1635),倪元璐被提升为国子祭酒。九年,由于受到温体仁的排挤,被控“妾冒妻封”而丢了官。他南归后,搬到了绍兴城南,自己造了一艘“倪家船”,在湖山之间悠然自得地生活。

据倪会鼎在《倪元璐年谱》里记载:“府君性好山水,不乐广厦,以城南雅僻,有绿畴碧水,举目南山,故卜筑于此。”意思是倪元璐喜欢山水,不喜欢住在大宅子里,所以选择了城南这个风景优美的地方。那么具体位置在哪呢?《越中杂识》里提道:“六贤祠,在府学之东罗门侧,……即倪文贞故圃建祠以祀。”清康熙年间,当地官员在倪元璐的旧宅建了六贤祠,祭祀明朝末年殉节的贤士刘宗周、祁彪佳和倪元璐等。这个地方大致在现在的古城东南罗门公园一带。

崇祯十年(1637),倪元璐在风水宝地罗门建了宅子隐居,过着优游林下的生活。他种梅养鹤,著书立文,还自己造了“倪家船”,四处游览湖山,寻幽探胜。他不仅注重宅子的选址,还花了大价钱建造了非常精巧、有创意甚至奢华的宅第,引来一众名士游赏。大家纷纷称赞,有些朋友甚至有点不解和非议。

祁彪佳在《越中园亭记》里赞美说:“吾越无地非佳山水,而不能得之于阛阓之中。惟倪鸿宝太史所居,独见畅朗,衣云阁又其最也。”意思是,绍兴到处都是美丽的山水风光,可惜大多在城市之外,只有倪元璐的宅子独具风景,特别是衣云阁。这地方有万壑千岩,好像是专为倪元璐的宅子准备的。倪元璐还引流为沼，积土为山，建了曲廊水轩，堪称绝佳之地。宅子的建筑豪华奢侈，引人入胜。根据清代大儒黄宗羲的《思旧录》记载，倪元璐竟然“以方、程墨调朱砂涂塈墙壁门窗”。明代徽州人方于鲁、程君房制作的墨是当时的名品，别人用来写字都舍不得，倪元璐却用这些名贵的墨调和朱砂来油漆门窗和涂刷墙壁，这也太豪横了吧！园林的室内装饰也很讲究，雕梁画栋，甚至有时“施以锦帷，张灯四照”。

清代史学家全祖望说：“颇极园亭池榭之胜，衣云阁之风流，当时所艳称。”可见，衣云阁是整个园林的主体建筑。衣云阁高三层，上面种了几千枝竹子，风吹过时竹叶摩擦发出声音，就像空中花园。站在阁上远眺，可以看到秦望山的群峰；俯瞰园内，则是假山水池，千岩万壑尽收眼底。清代诗词大家朱彝尊慕名来赏，在《偕谢晋吴庆桢登倪尚书衣云阁》一诗中说：“飞楼跨百尺，画栋长氤氲。”如此豪奢的宅第，难怪好友黄道周看不下去。他来越作客时对此很不以为然，说：“国步多艰，吾辈不宜宴乐。”倪元璐却笑着说：“会与公诀尔。”意思是我当然知道国家有难，你我二人随时准备为国捐躯，我这是在与你告别，所以仪式要搞得隆重点。

从倪元璐“死难”的结局来看，其实他风雅不废忠义，平时生活中的许多问题，不过如黄宗羲所说的那般，仅为“通人之蔽”。

（二）绍兴救荒故事

倪元璐隐居期间，虽然过着萧然闲适的雅居生活，但并非贪图享乐、两耳不闻窗外事。连年灾荒中，他献策出粮，在家乡赈饥，充分体现忧国忧民、报效国家的愿望。

自明中叶以后，气候持续变暖，浙江地区接连遭遇特大旱灾，整个东南地区都受到了影响。长江水枯，太湖也干涸见底。特别是在崇祯十四年到十七年期间，江南地区连续出现了90天以上的大旱，灾情惨不忍睹。浙江北部平原及绍兴各地每年无雨的日子超过了90天，鉴湖变成了旱地，粮食严重歉收，百姓只能靠吃草木为生，饥荒前所未有。杭、嘉、湖、绍等地的粮食价格一路飙升，斗米价格高达400钱以上。饥荒和随之而来的瘟疫使灾民“卖子女，人相食”。大疫过后，浙江平原地区十室九死，饿殍遍野。作为江南大城市的绍兴，也没能幸免于难。

崇祯十四年(1641)正月，大雪连下十多天，山路皆断，绍兴城内聚集了数千饥民，并连日出现富户被抢的情况。祁彪佳在《祁彪佳日记·小捄录》中记载：“十五日……入城，共商荒政，予拨棹归，而城中沈、林两家已遭强抢矣。……十六日，……近城，目击霞头一带抢攘已有其端矣。及抵城中，则知午前所强抢者如龚、如黄已不下十余家，而横街之朱、方被难未已，乡绅富室惴惴，不免有即给米者、即分钱者，于是刁民之气愈骄。棍首倡言保护，挟群棍之势以索诈，合城罢市，行人几于绝迹。”

当时，倪元璐同榜进士黄道周的门生陈子龙担任绍兴府司理、代理诸暨知县，并专门负责越中赈灾事务。他十分尊重并紧紧团结倪元璐、刘宗周、祁彪佳、余煌等一批声名卓著的赋闲官员，凡涉及地方重大事务，皆及时通报消息或登门拜访，因而得到了倪元璐的坚定支持。

绍兴知府王孙兰与郡司马先后造访倪元璐宅第，商讨赈灾事宜，倪元璐一面告诫说："折乱在萌，疗饥宜速，道止此耳。"一面亲自出面，联络山阴、会稽、嵊县等地的乡绅和闲居官员如刘宗周、祁彪佳、余煌等共同商定赈救办法。对此，祁彪佳在日记中也有较为完整的记录。比如，1637年闰四月初四的记录："卧方起，王金如偕袁则学来，酌宽征之呈，予为更定数语。倪鸿宝（元璐）以昨约至寓，同之晤王太公祖（王孙兰），力言剡中饥荒状，王公祖为之恻然，遂允宽征，第须得金钱二三千耳。……讲罢，王金如商赈事，若无应者，予再捐十金以为创，且为设募助之策。归舟作书，以宽征之意报刘宛谷父母。"这些记录包含了许多倪元璐参与救灾的信息。原本属于地方政府的事务，此时由倪元璐出面，并与祁彪佳一道，积极与绍兴府及山阴县的地方官王孙兰、刘宛谷以及诸生王金如联络商讨，并得到了地方官"宽征"的承诺。

在这过程中，他们内部有具体的分工。倪元璐与祁彪佳利用士绅身份，负责与地方官员联络，是此次赈灾活动的幕后支持者，而年轻的王金如则是此事的倡议者和主办者。

祁彪佳《祁彪佳日记·小捄录》也有关于他们交往的记载:"(1641 正月)二十三日,……出与倪鸿宝、何仲渊晤,陈卧子公祖(子龙)言暨阳山乡稍有收获,则用平粜;湖乡绝无颗粒,则须煮粥。"由此可知,倪元璐不仅参与了绍兴救灾的联络工作,还直接或间接参与了具体赈灾策略的制订与实施。

当时,绍兴"荒政久弛,公鲜宿储,米廪将罄,米价日腾",灾民聚集府城及周边,秩序相当混乱。而"当事者通粜未至,城市不逞者聚千余人,剽富家米,日再告,长吏患之,造庐请策"。由于仓库告罄,地方行政官员一时无法筹集足够的粮食赈济灾民,饥肠辘辘的灾民情绪激动,不断发生哄抢大户的事件,社会动乱一触即发。而"太守宽仁不能决,郡司马继至,府君(倪元璐)具以告守者告之。司马以为权在太守,元璐折之曰:'今攘臂者无械具、无计画,抑之甚易。失兹不治,他日乱成,君欲诿责,得乎?第须明示赈期,以定民志耳。'司马乃械系数辈,囊头于市,浃日而舍之,乱者皆慑伏"。

在遏制乱情之后,倪元璐出面为政府草拟了"三言"作为"救荒定乱之法",具体指的是:坊各养坊,坊各护坊,坊各戢坊。

坊各养坊,即以坊为赈灾单位区域,由各坊大户出资出粮,接济本坊内的贫民,以弥补官粮之不足。若发生贫民给食不足或饿死的现象,由本坊大户承担责任。贫民也可以向政府投诉,由政府出面进行监督催促。这个政策虽然带有强制性质,但它在一定程度上缓解了官粮严重不足的状况,并尝试实行社会公益事业由官方主持、民间协办、政府督促的模式,对稳定灾民情绪、缓和官民关系,从而安定社会秩序起到一定的作用。

坊各护坊,即大灾时期,由各坊贫民安排人力,确保本坊内的大户不遭哄抢,以弥补官方人力之不足。若发生本坊内富户粮食被抢事件,富户有权利向官府提出诉求,责问贫民护坊不力,并按律予以惩处。这项政策与坊各养坊是相互的,富户出资、出粮赈济灾民,作为受赈济的贫民也有义务出力保护本坊内的治安秩序不受破坏。此外,这使政府能够腾出足够的人力来征购赈粮。

坊各戢坊,即由各坊乡约、总甲约束本坊内的灾民,不致其外出参与哄抢。若发生灾民外出抢夺粮食、财物的事件,受抢者可以向政府投诉,追究该坊乡约、总甲的责任。由此,各坊责任层层落实、秩序井然,确保大灾时期不出现社会动乱。

倪元璐针对有些地区饥民多、富户少、捐米不足的情况,提出了“义赈”的办法,即动员社会各界有识之士,共同参与捐资捐米。尤其是号召那些在外经商、务农的成功人士,回乡捐助,解决粮食紧缺的问题。倪元璐和他的同仁们积极筹措,广泛联络,得到了不少社会力量的支持。

通过倪元璐及其同仁的不懈努力,绍兴的灾情得到了明显缓解。正如祁彪佳在日记中所记:1641 年二月初五,郡守下令,令诸生捐米,遂有所济。1642 年五月初十,郡中米价渐平，盗寇亦息，民渐安。绍兴的饥荒得到了有效控制，社会秩序得以恢复，百姓的生活逐渐回到了正轨。

倪元璐在此次救荒行动中展现了他作为士绅的社会责任感和政治智慧。他不仅关注百姓的疾苦，还积极参与到赈灾救济的具体行动中，提出了一系列切实可行的政策和措施。他的这些努力，不仅缓解了当时的灾情，也为后人留下了宝贵的经验和借鉴。

（三）家国情怀与赤胆忠心

倪元璐在家乡的救灾颇有成效，然而朝廷政局大变，明朝危在旦夕。

崇祯十五年(1642)，解职在家多年的倪元璐接奉兵部右侍郎兼翰林院侍读学士诏令，为挽救大明王朝的颓亡，临危受命，挺身而出。听闻清兵威胁北京后，倪元璐毅然变卖家产，抛下营建数年的豪宅，招募死士数百人，飞蛾扑火般地驰援京师，向明思宗陈述制敌之法。明思宗拜其为户部尚书，后悔没有早早地重用他。

崇祯十七年(1644)三月，北京被清军攻陷，倪元璐奋力抵抗，终究还是寡不敌众。城陷之日，倪元璐整衣冠拜阙，说："以死谢国，是分内的事。死后不用葬我，一定把我的尸首暴露在户外，以表示我内心的哀痛。"

言罢，他南向而坐，取帛巾自缢而死，用悲壮的方式给一个王朝做了最后的注脚。

倪元璐走了，但是他的铮铮傲骨却以文化遗产的方式留存下来。目前,倪氏故居位于上虞区小越街道倪梁村,现存的两间木楼即是倪元璐返乡所居的“大年堂”。

上虞自古便是中华孝德文化的发祥地之一,这片土地孕育了深厚的孝道传统。相传,中华文明始祖虞舜就诞生于上虞曹娥江边的虹蝉村,他以孝行感天动地,德行泽被后世,被尊为“明德始祖”“百孝之首”。千百年来,上虞孝风代代相传,涌现出众多孝贤典范,其中“孝女曹娥”的感人故事便发源于此。倪元璐亦是孝道楷模,他在朝为官时,曾七次上书请求归乡,只为侍奉年迈的母亲,践行孝道。

如今,北京故宫博物院、上海博物馆等地珍藏着倪元璐的手迹,而无锡博物院收藏的《家书》尤为珍贵。这封写给母亲的信,字迹工整细致,墨色温润,行文平和中见真情。不同于他常见的豪放书风,此作以小楷书写,字字端庄,笔意连贯,流露出深切的恭敬与孝思。更难得的是,他在每列右侧细心标注标点,以便母亲阅读,足见其赤子之心。这份《家书》不仅是一件书法珍品,更承载着中华孝文化的深厚内涵,让后人得以窥见倪元璐刚毅性格之外的温情一面。

倪元璐之父倪涷、弟倪元瓒、堂兄倪元珙、长子倪会鼎皆为上虞倪氏杰出人物,可谓一家名门。倪氏后人将位于绍兴市上虞区小越街道倪梁村的倪氏老宅捐出,由村集体出资修缮成为倪元璐纪念馆,供世人参观凭吊。在倪氏耕读传家家风的影响下,村干部与全体村民齐心协力建起了元璐书房、鉴知馆等一批文化阵地,“忠孝和善”的人文精神在倪梁村蔚然成风。如今的倪梁村先后获评全国文明村、浙江省文化示范村、浙江省民主法治村等一批国家级和省级荣誉，真正成为“望得见青山，看得见碧水，记得住乡愁”的幸福家园。

（四）一笔不肯学古人

与倪元璐慷慨激昂的人生历程相对应的，便是其奇崛生动的书法艺术。

在明朝晚期动荡的时代，书法艺术获得了长足持久的发展。万历年间，经济发展迅速，西方传教士引来各种西方思想，阳明心学风行全国。此时的书法亦呈现一派欣欣向荣之态，书法名家辈出，徐渭、张瑞图、黄道周、王铎、倪元璐等一批卓尔不群的书家，他们不满明代中期祝允明、文徵明的韵雅流风，而追慕古代朴厚稚拙的书风，书法往往侧锋取势、横涂竖抹，以致满纸烟云、气象万千。

倪元璐在山阴的六年赋闲生活，有着安静闲适的自然环境、悠然散淡的田园风光，这足以使他全身心投入艺术活动。他开始整理刊印自己的文集《鸿宝应本》，完成了易学著作《儿易内仪以》《儿易外仪以》等，并且一味潜心书道，由此翰墨技法进入最佳状态，书法艺术走向成熟阶段，与黄道周、王铎鼎足而立，并称为“明末书坛三株树”，又与王铎、傅山、黄道周、张瑞图并称“晚明五大家”，他们一同引领了晚明书坛。

马一浮在《倪文贞手札墨迹题跋》中云：“千秋怅望衣

云阁，一字犹堪动鬼神。”充分肯定了倪元璐此时的书法造诣。

倪元璐为人超脱，书法风格气质独具，格调奇高，突破了明末柔媚的书风，又深得王羲之、颜真卿、苏轼三人的翰墨之味，傲骨铮铮，缤纷烂漫。在倪元璐的传世作品中，以行草书体为主，代表作有《冒雨行乐陵道诗轴》《赠乐山五律诗轴》等。行草书法作品一般来说较其他书体洒脱流畅，倪元璐的作品更是运笔娴熟，率意为之。墨色浓湿干枯交替，有一气呵成之势，展现出他内心世界的坦然、宽

四十初度诗

节录世说新语

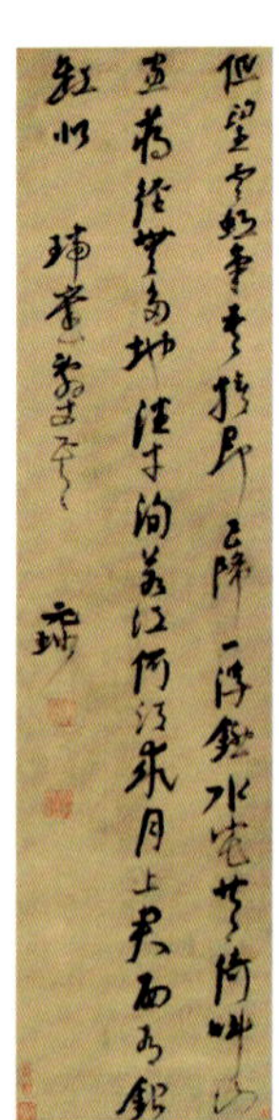

五言诗

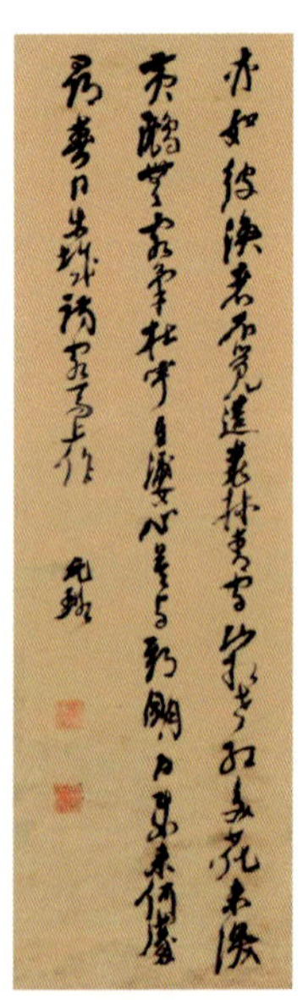

春日出城访客

博和自由。后人对他有“笔奇、字奇、格奇”之“三奇”，“势足、意足、韵足”之“三足”的称誉。康有为在《广艺舟双楫》中说：“明人无不能行书者，倪鸿宝新理异态尤多。”

观倪元璐的作品，大多彰显出老拙之意态，表现出稚拙之趣。由于晚明尊碑意识产生，对倪元璐书风的形成有着巨大影响，致使倪元璐对二王帖学传统模式的态度由亲和到冷落再到反叛。同时，也使明代书法的风格从优美走到了壮美。

倪元璐的儿子曾评价：“倪鸿宝书，一笔不肯学古人，

文心雕龙

题画石

已作不栖鸦

题冯祯卿给谏画

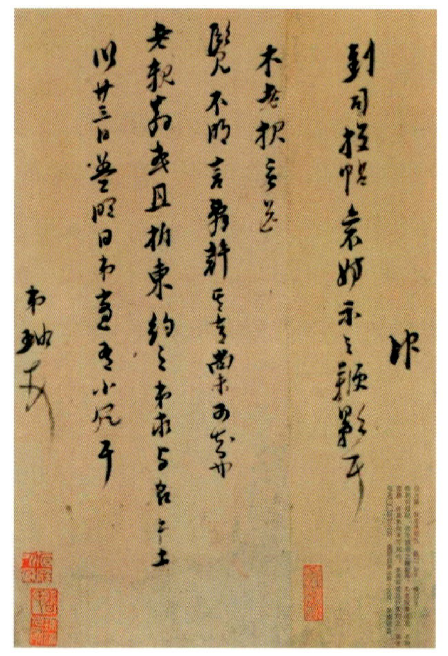

致老亲翁札

只欲自出新意，锋棱四露，仄逼复叠，见者惊叫奇绝。”说“一笔不肯学古人”，也许有些夸张，恐怕倪元璐自己也不会承认，但他有着强烈的“出新”欲望却是事实。从他书法的丰富变化中，可窥出他不仅得力于晋人及颜真卿的用笔，结体上也受到苏东坡、米芾的影响。然而，他用笔之苍浑、结构之奇诡，与时人迥然异趣，这当得自倪元璐本人的天然性灵。

他的作品，并不一味追求形式上的完美，而是注重情感和审美的深度表现。晚清画家、艺术评论家秦祖永在《桐阴论画》中提道："元璐书法灵秀神妙，行草尤极超逸"。"当代草圣"林散之评："明末草书人才荟萃，徐天池（徐渭）、祝枝山、倪元璐、黄道周、傅山、王觉斯（王铎）各有千秋。"

倪元璐从不以书画为意，认为与为政、学问相比，书画不过是七八等事，而最终成就他的却是书画艺术。事实上，为官的正气、学问的广博，给予他无穷的灵感与滋养。诗书礼义给了倪元璐不一样的文化自信，他跳出了一般书画家对于笔画形意的追求，惟求气势之盛，集形、意、气为一体，依意而成，率然天真。

陈洪绶:诗画做伴归云门

陈洪绶(1598—1652),字章侯,幼名莲子,一名胥岸,号老莲,别号小净名,晚号老迟、悔迟,绍兴府诸暨县(今浙江绍兴)枫桥陈家村人。明代著名书画家、诗人。据说老莲出生前,有道人给了他父亲陈于朝一枚莲子,并且说道:"食此,得宁馨儿当如此莲。"所以陈洪绶在出生后,小名即为莲子。这事儿是真的还是假的?反正都几百年的事儿了,也不好考证,但老莲的这一生过得颇不俗,很有莲高洁绝尘、出淤泥而不染的风神,真没辜负这"老莲"的名号。

(一)功名与山水

陈洪绶的功名之路并不顺当,当然也并不像《儒林外史》中的周进和范进那样可怜。在求功名的路上,他的才华得到了很多长辈和同辈的认可,尤其是他的绘画技巧,更是无心插柳但日益精进。他年轻时说:"书画耻流传,壮猷悲无寄。"没想到让他流芳百世的恰恰是他的书画。他三次参加乡试都没有中，这好像比唐代的孟浩然还要时运差。其中发生在第二次应考时的故事必须讲讲，这对于今天的教育具有一定启发意义。

因为要专心准备考试，为了杜绝外界的干扰，陈洪绶曾一度寄宿于牛首山永枫庵的东廊，发愤读书。牛首山山下有一个永枫庵，是陈氏的家庵，因此陈洪绶与庵中的僧众极为熟稔。他给自己立规定，一早听到庵里的钟鼓声就要起来用功读书，晚上听到钟鼓声之后则不再饮酒。看样子，陈洪绶是要发奋一阵子了。可没想到这样的日子只维持了五天，他就因为要拜访文社朋友而离庵入城。一进城，陈洪绶就又留恋起城里的诗酒生活，于是他便安慰自己，

闲话宫事图

水仙灵石图

只要肯用功，在哪里都可以。结果呢，这一次他再次落榜。事后他自己写诗道："三旬不成事，诗酒江南春。""酒味颇有得，功名罔计焉。"

等第三次落榜后，他的同宗兄长陈庚卿通过卖田捐资的途径，得到了去当时全国最高学府——国子监读书的资格。国子监的学生享有一定特权，可以不用通过乡试的环节而直接参加会试。他受此启发：不如自己也走这条路吧！那资从何来？还是要靠他的绘画。于是他北上京师，画了很多画，凑够银子，终于捐资成功，成为国子监生员。成为国子监生员后，陈洪绶本想着能够再参加会试，成为朝廷的官员，为国家效力，进而实现自己的壮志。但是在京城的几年让他看到了官场的黑暗和苟且，那些达官贵人想的只是自己的私利，哪有几个有社会责任感的。其中一件事使他彻底看清了朝政不可挽救的颓败。

陈洪绶的老师黄道周因为弹劾权臣杨嗣昌，并在朝廷上直言抗辩，甚至暗示皇帝忠奸不分、黑白混淆，使得崇祯帝大为震怒，将他直降六级，贬调江西按察使司照磨。被贬谪的黄道周用实际行动赢得了上司的肯定，他的上司江西巡抚上疏推奖黄道周，再次触犯了猜忌多疑的崇祯皇帝，于是下令将两人一并押赴京师，每人杖打八十，下于刑部狱中。谁都知道黄道周是位刚直正派的忠臣，然而国子监的众多学生竟然没有一个人敢出来仗义执言。倒是有位与黄道周同乡的秀才涂仲吉，不远万里上京替他鸣冤。结果，涂仲吉也挨了打，并被拷问得十根手指几乎都断折，但他毫不屈服，表现出了坚贞的气节。陈洪绶因为这件事彻底对朝政绝望，后来离开北京，断绝仕宦的念头，专心于书画诗文。

陈洪绶在科考一途一直不顺利，究其原因，一方面和他的天资秉性有关，聪慧但是并不按照科考的那一套来训练自己，他很难耐得住性子去苦读所谓的圣贤书，从他牛首山五日苦读就离开可以看出一斑。另外的原因是他从

无法可说图

小就热爱自然山水、热爱园林情趣、热爱可以陶冶性情的艺术。同时,佛教也发挥了不小的作用。

他曾经这样说:“吾辈可以于读书之暇,饮酒林泉,寄情笔墨,而寄尘于车马、官府中,视此山林若无者,良可叹也!”

蕉林酌酒图

在这一点上，他与前辈谢灵运相似，但是比谢公更甚，他热爱林泉更深，像极了唐代的王维和孟浩然。从本质上讲，他是一个艺术家，而他最终没有步入仕途是命运对他最好的安排。晚年的陈洪绶写过一篇类似人生总结的游记《游净慈寺记》：

老悔一生感慨多在山水间，何则？既脱胎为好山水人矣。每逢得意处，辄思携妻子，栖性命骨肉归于此；魂气则与云影水声、山光花色同生灭，吾愿足矣。所以不如愿者，有志气，无时运，想功名，恋声色，为造化小儿玩弄三十余年。至天地反覆时，乃心灰冷，老死山水之志始坚，而买山钱不能办矣。虽剪落入云门、秦望间，山中人喜为结草团瓢，约日供薪米，而白幢白伞又逐之投城市矣。谋还枫溪，则刀兵聚处，不第娱老岩穴不可得，既耽玩泉石亦不可得矣。乃知所谓有志者事竟成，徒虚语尔。复为造化小儿玩弄五六年，良可悯叹。

这篇文章可以说把他追求功名和热爱林泉的矛盾说得非常清楚了。他的一生似乎是对宋代词人朱敦儒一首词的印证："我是清都山水郎，天教分付与疏狂。曾批给雨支风券，累上留云借月章。诗万首，酒千觞。几曾着眼看侯王？玉楼金阙慵归去，且插梅花醉洛阳。"

（二）红颜与好色

民间有一种说法，陈洪绶是"生平好妇人，非妇女在坐不饮，夕寝非妇人不得寐"。当时人曾传："人欲得其画者，争向妓家求之。”意思是说你如果想要收藏或收购陈洪绶的作品,那就到他经常出入的妓院去找找吧!

陈洪绶在这一点上像极了北宋的柳永,柳永的很多词作都是从歌妓口中流传出来的。陈洪绶虽是个贪恋美色的艺术家,但却并不妨碍他对妻子满怀深情。这一点在我们今天看来是很难统一在一个人身上的,这不是给不忠于婚姻找借口吗?可是在陈洪绶身上就是统一了,我们当然不能用当代的婚姻观去苛责古人。

陈洪绶十七岁时娶来氏为妻。来氏是大家闺秀,性格温柔贤淑,还接受过文化教育,能够吟咏诗词,而且她没有娇小姐的习性,颇懂得勤俭持家,所以两人婚后相处和谐,感情一直很好。还生有一女,取名道蕴。陈洪绶二十六岁时,来氏病逝,陈洪绶悲凄欲绝。来氏病逝六年后,他还念念不忘来氏的忌辰,写了两首《怀亡室》诗,来抒发自己对亡妻的思念之情:

其一

谁求暗海潜英石,琢个春容续断弦。

明知方士今难得,如此痴情已六年。

其二

衰兰摧蕙护昭陵,一望驱车便远行。

遥忆忌辰谁上食,苍头小婢奠葵羹。

二十七岁时,经人介绍,陈洪绶娶杭州卫指挥同知韩之发女为续弦。韩氏亦工诗,两人婚后感情很好,在陈洪绶北上京城期间,两人诗书往来,相互抒发怀念与慰藉的深情，这些都有诗为证。韩氏婚后，先后生了六子二女。

四十六岁时，陈洪绶在扬州逗留期间，娶了胡净鬘为侍妾。胡净鬘也工诗画，擅花鸟虫草，笔致工丽。都说具有相同爱好的两个人最终走到一块，能够让爱情更加长久，陈洪绶与胡氏便是如此。后来，两人一起回到了故乡绍兴，曾合作花卉册页传世，净鬘还指导陈洪绶长女陈道蕴学画，这一家也成了绘画世家。

上面这三个女子可称为陈洪绶的红颜知己。此外他还流传有一些风流的故事：

第一则是与董飞仙。二十三岁那年，在美丽的西子湖畔，貌美如花的名妓董飞仙骑着娇艳的桃花马，带着亲手裁制的、质量上乘的生绡，找到了陈洪绶，乞求为她画一幅莲花。陈洪绶欣然答应。后来竟然还梦到了这个令人销魂的美人，于是他写了一首《梦故妓董香绡》：

长安梦见董香绡，依旧桃花马上娇。

醉后彩云千万里，应随月到定香桥。

定香桥在苏堤之映波桥与锁澜桥间，西接花港观鱼，至今尚存。从诗题和诗中的语气推测，似乎当初董飞仙在乞画之后，两人之间还曾发生了旖旎的情事。

第二则是张岱笔下记载的那位不知名的女郎。张岱在《陶庵梦忆·陈章侯》中记录了一个故事：八月十三日，在杭州的西湖岸边，张岱和陈洪绶一同划船到断桥，陈洪绶独饮，后来便醉了。后来他们看见岸上有一个女孩请求搭船，张岱答应女孩搭船的请求。女孩上船后，陈洪绶就说：

"你像张岱的妹妹一样有侠气,能和我喝一杯吗?"那位女子很高兴,于是就和陈洪绶开始推杯换盏。后来这位女子下了船,陈洪绶竟然去问人家的家庭住址,女子不明底细,当然就没有回答。

第三则是毛奇龄在《陈老莲别传》中记载的:崇祯末,四十七岁的陈洪绶在浙东被清军所俘虏,"急令画,不画;刃迫之,不画;以酒与妇人诱之,画"。简单来说,就是陈洪绶被清军抓住了,抓住他的人知道他是举世闻名的大画家,于是急着叫他画画,可陈洪绶就是不画。于是清军开始想办法,用刀架在了他的脖子上,陈洪绶还是不画。最后呢,清军拿来了酒和美女来诱惑陈洪绶,陈洪绶才画。但是第二天早上,陈洪绶把画稿偷偷拿走了,最终也没有给那个强迫他作画的人留下片纸。

可见陈洪绶和唐寅一样都是风流成性、喜爱美人的大才子。当刀架在脖子上时可以因为气节、可以因为文人风骨,或者说是一个画家的性格,不去做那些违背意愿的事,仍然保留着一个画家、一个文人的基本风骨。但在美人和好酒面前,陈洪绶似乎就没有了抵抗力,虽说英雄难过美人关,但石榴裙下的陈洪绶似乎是借以麻痹自己,沉沦在陈洪绶那里何尝不是一种解脱?

(三)名师与众徒

陈洪绶高超的绘画技巧,与他广泛学习前辈及当时著名画家的优点是分不开的。他的老师可多着呢,有与他同时的，更有成为历史的。著名的有蓝瑛、孙杕，二人均是当时的书画大家，与陈洪绶有“通家之好”。这两位是陈洪绶老师中非常重要的，所以这里占用篇幅介绍下：

蓝瑛(1585—1664)，字田叔，号蝶叟、东郭老农等，浙江钱塘（今浙江杭州）人，明末清初画家，“武林派”创始人。长于山水、花鸟、梅竹，尤以山水著名。师从沈周，落笔秀润，临摹唐、宋、元诸家，于黄公望尤为致力。他晚年笔力苍劲，气象峻嶒，与文徵明、沈周并重，在晚明影响甚大。陈洪绶与蓝瑛亦师亦友，一直保持着亲密的联系。

孙杕，字子周，一字漫士，号竹痴，浙江钱塘（今浙江杭州）人，明末清初画家。与蓝瑛关系最为密切，既是同里，又曾共同师承董其昌、陈继儒。陈洪绶在去世前一年，还对自己没有能力周恤孙杕的孤儿寡妇而深感愧疚。

此外还有当世知名的书画家，如陈继儒与李流芳，这些人对他的艺术观念也有所影响。这促使陈洪绶很早就树立起汲取各家之长的绘画思想。

除了活着的名师，他更多的老师是已经故去的。上起晋、唐，下至宋、元，他博采众长。尤其是对那些不被当时文人画画家所重视的如卫协、张僧繇、阎立本、吴道子、张萱等古代人物画家，他也表现出极大的兴趣。陈洪绶由于自小就对民间绘画有兴趣，因此并没有非常明显的门户之见。当时享有大名的松江前辈大师莫是龙、董其昌等人所提倡的“南北宗”论说影响极为广泛，然而他却并没有受到太多熏染而专尚“南宗画”。他摒弃了门户之见，而主张吸收众家之长。

由于这种“不薄今人爱古人”的兼收并取的态度，陈洪绶形成自己独特的绘画风格。首先是他对于人物、花鸟、山水、竹石等各种绘画门类都驾轻就熟，这是当时绝大多数文人画画家所无法比拟的。其次是他“高古奇骇”的独特风格。这种风格经常赋予描绘对象以夸张独特的造型，给人以强烈的视觉震撼，所以有学者认为他是“晚明变形主义画家”中最具影响力的主将。这种风格与欧美印象主义画家对形象的夸张很相似。陈洪绶的版画在中国艺术史上也有很高的地位。他一生版画创作极为丰富，流传到现在的有《九歌图》《西厢记》《节义鸳鸯冢娇红记》《水浒叶子》和《博古叶子》等五种，其中《西厢记》和《水浒叶子》不止一种刻本。这些都是中国版画史上的杰作。

幽篁水仙

蔷薇蝴蝶

陈洪绶的老师很多,弟子也很多。众多弟子中有两位是家人。一位是陈字,陈洪绶第四子,原名儒桢,小名鹿头,字无名,又字名儒,号小莲。明亡后,他也与父亲一样,绝意进取。小莲在画史上颇有声名,他的画在当时极受欢迎。另外一位是胡净鬘,是陈洪绶在扬州时所纳的妾。她不仅善书画,还通禅悟。净鬘画艺曾得陈洪绶指授,陈洪绶《自笑》诗有“文词妄想追前辈,画苑高徒望小妻”之句。除此之外,其他的还有很多,如严湛、陆薪、沈五集、魏湘、堵廷棻、来吕禧、金史等,这些画家在中国画史上几乎不被提及。他们绝大多数深得陈洪绶之画法,但是却没有老师那样复杂多舛的经历。真正传承陈洪绶衣钵的是没有亲身领受他教诲的、“海上四任”的任颐。任颐的绘画以形象生动、设色鲜明而著称。他继承了陈洪绶的高超技艺,保留了陈氏造型与笔墨方面的一些特点,并将其高古的趣味一变为活泼清丽,适应了时代的变化,创造出一种雅俗共赏的新风格。由于任颐对于陈洪绶画风的出色演化,陈氏画派又焕发出夺目的光彩,他不愧为陈洪绶艺术精神的真正承继者。

(四)一条狗和一朵花

作为艺术家的陈洪绶绝对是一个多情的人、对万物怀有怜惜的人。这里有两则关于他的故事,是真实发生的,并非虚构。

陈洪绶写过一篇《失狗记》,记载了他和一条狗的故事:陈洪绶第三次去京师时,在京师中朋友很少,他就买了一只可爱的小狮子狗。因为小狗才满月,陈洪绶非常疼爱它,晚上睡觉都要抱着,吃饭时也要把它放在桌上,简直像带自己的孩子。由于他的精心养护和打理,这只小狗长得特别可爱。过了几个月,小家伙更加乖巧,与陈洪绶形影不离。有一天,陈洪绶因为有急事外出,没来得及锁门,小狗竟然自己出门去找他,结果在路上被一个附近衙门的小吏给偷走了。这个"老胥"竟把小狗锁了起来,据为己有,看管很严,连卧室都不让小狗离开。陈洪绶回来后看到小狗不在,外出寻找,四处打听,竟然都找不到。他非常难过。大概过了半个多月,陈洪绶恰巧和一个老家来的朋友外出聊天,到了那个偷狗的人的家门口。由于两人用乡音交谈,且在门口略做休息,陈洪绶的声音传入里面,小狗听到后竟然一边叫一边飞快地跑了出来。偷狗的一家人"群掩之不得"。陈洪绶一看到小狮子狗,就像见到自己失而复得的孩子,激动地流出了眼泪。此后一狗一人,在京城相依为命。若陈洪绶病了,小狗就在床下卧着陪他;病好了,小狗就蹲在他的脚边陪他,那些来探望陈洪绶的朋友都被他们的感情感动了。后来陈洪绶离开京城时,带着小狗一起回了绍兴。几年后,小狗去世,陈洪绶还专门写了一篇文章《失狗记》来纪念这只可爱的小狗。

还有关于一朵牵牛花的故事。

陈洪绶绘画取材广泛,其中花卉是重要的一类。他的花卉不限于传统的梅兰竹菊,而是将眼光投向了更为广

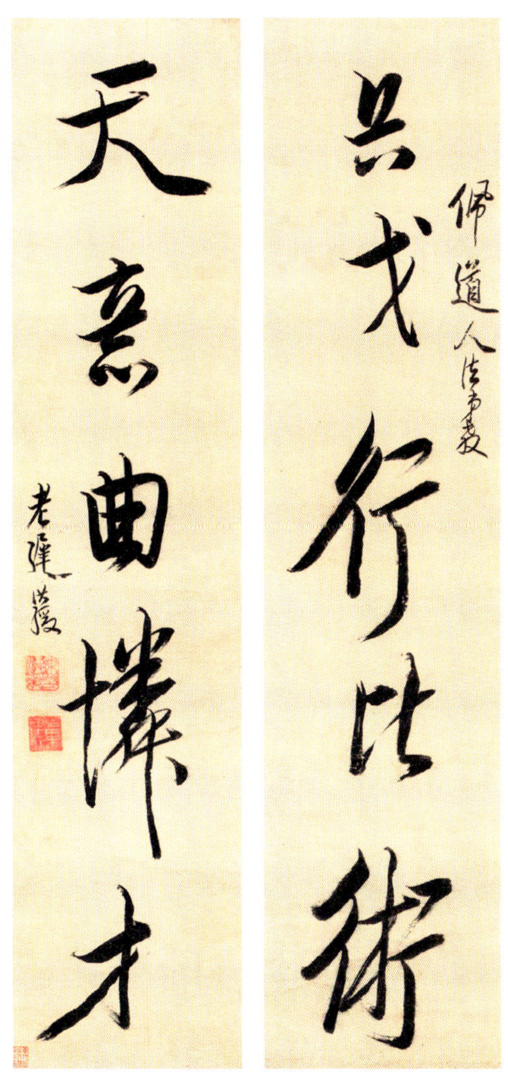

行书五言联

阔的自然界。在京城时,他发现了一种不被人欣赏的小花——牵牛花。北方的牵牛花在秋日会开得特别明丽,陈洪绶被这种小花的美震撼了。为此他写了诗,还画了画来表达对这种小花的赞美:

秋来晓清凉,酣睡不能起。
为看牵牛花,摄衣行露水。
但恐日光出,憔悴便不美。
观花一小事,顾乃及时尔。

为了贪看晨露中的牵牛花,竟然放弃酣睡,陈洪绶可真是痴。当然,痴,恰是艺术家可爱的地方。同时也说明他成为一名卓越的画家,绝不仅仅是依靠天资或是步趋古人,他十分注重并爱好观察自然中的优美事物,有时甚至显得有些苛刻:“但恐日光出,憔悴便不美。”他努力寻找那些最美的事物和最佳的状态,并把它们表现出来。这幅画今天我们仍能看到。

(五)风骨

在认清官场的腐败后,陈洪绶返回绍兴,此后再也没有过出仕的念头。虽然后来的机会不少,先是鲁王想要征召陈洪绶为翰林,后来是隆武帝朱聿键也听闻他的大名,派遣使者以御史的官职征召,但都被他婉言谢绝。

南明权臣马士英曾带了帛玉等重礼,请求和他见个面,结果吃了闭门羹;马氏又想方设法通过陈洪绶的好朋友想求一幅画,最终也没能如愿。

痛饮读骚图

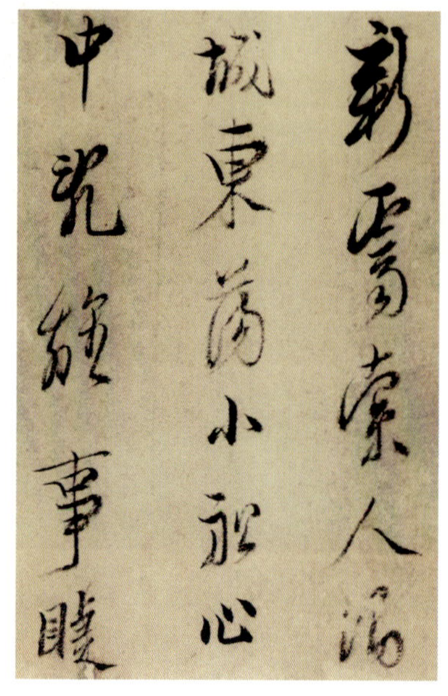

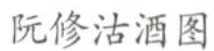

阮修沽酒图　　行书新霁索人酒诗册

清军攻占浙东时，抓到了这位大画家。清军将领大喜过望，急忙命他作画，陈洪绶坚决不动笔；继而清军拔刀相逼，仍旧不画。后来清军了解到他喜好酒色，就改变方法，“以酒与妇人诱之”，结果陈洪绶果然抵挡不了美酒与女色的诱惑，终于开始动笔了。但是画完后的一天，他借口要为作品署名及再做渲染，将画索回。夜晚，他抱着画假装入睡，竟然找了个空子逃跑了。其实他只是以好色来自污且自保，这有点像王戎的吝啬。

他还拒绝过另外一个权倾一时的地方大员田雄。田雄是直隶宣化(今河北宣化)人,明末官至总兵。后来他叛明降清,因劫持弘光帝并将其献予清廷,而被封为杭州总兵。田雄心狠手辣,镇压抗清义军屡立战功,得晋右都督并封二等侯。他深得清廷赞赏,一直镇守浙江。田雄想索要陈洪绶的画,但陈洪绶却"晚岁在田雄坐尝使酒大骂,雄错愕而已"。当然有人说陈洪绶的最终死因跟得罪田雄有关,我们不得而知。

与此形成鲜明对比的是曾经有年老的军人拿酒请陈洪绶写诗作画,他欣然答应,等到酒喝完的时候,画也完成了。在鲁王的军队中,有些不良之徒,借口饷军而肆意劫掠拷打百姓,其中就有曾经跟随陈洪绶学习的浪荡少年,陈洪绶对他们责之以理,尽其所能为百姓排难解纷,于是人们把他比作战国时期曾挽救无数百姓性命而不受酬报的鲁仲连。他以画为剑,像是金庸笔下的侠客,重义轻利、关心百姓的大侠。这样鲜活立体的陈洪绶更加贴近一个画家,一个真实的画家。

陈洪绶在清军占领绍兴后躲避到杭州的乱山之中,但这终究不是办法,于是陈洪绶选择了一种新的生活——在云门寺剃发为僧。云门寺就在绍兴城南三十里的云门山上,从此他改号悔迟、悔僧,亦号云门僧、云门僧悔等。对于陈洪绶为何以"悔"字为号,清孟远在《陈洪绶传》中有这样的注解:

大兵渡江东,(陈洪绶)即披剃为僧,更名悔迟,既悔碌碌尘寰,致身之不蚤;而又悔才艺誉名之滋累,即忠孝之思、匡济之怀、交友语言,昔日之皆非也……

晚年居杭的陈洪绶，仍然保留着出家人的身份。但是由于他的声名已经传播于大江南北，所以许多公卿士大夫都以与他结交为荣。即使他穿着僧服、使用出家人的法号，他的踪迹也总是会被这些人打听到，当然他们主要目的是看重他的画。而陈洪绶也正好可以卖画养家。

陈洪绶去世后不久，就得以配享刘宗周祠。清代大文人全祖望在《子刘子（刘宗周）祠堂配享碑》中明确指出了将其配享的理由：

诸暨陈先生洪绶，字章侯，以画名，且以酒色自晦，而其中有卓然可传者，子刘子深知之。蕺山弟子，元趾与章侯最为畸士，不肯怗怗就绳墨。元趾死，章侯不死，然其大节则未尝有愧于元趾。故予定诸弟子中其有负盛名而不得豫配享，而独于章侯有取焉。

为什么陈洪绶没有像他的好友祁彪佳、倪元璐，以及他的老师刘宗周、黄道周一样以死殉国呢？不是老莲怕死，而是他一生坎坷，终于认清了明朝的腐朽败亡是不可避免的。在这个漫长的过程里，他逐渐认清了自己的生命价值，乃是山水、乃是书画艺术。明朝亡了，但是山水依然、艺术依然，所以他的生命不应该束缚于某一个王朝。这一认识应该说是非常高级的，超越了普通的封建士大夫。至于他的出家，固然可以看作是不与新的王朝合作，但更多的是为了在新政权的法令与传统文化之间寻得一种平衡。他剪断了头发，但剪不断的是深情者的万缕千丝，剪不断的是他内心的红尘情缘。

徐三庚:吴带远扬张新风

徐三庚(1826—1890),字辛穀,一字袖海(褎海),号西庄山民、金罍、井罍、金罍道士、金罍野逸、诜郭、似鱼室主等,斋名有似鱼室、沤寄室、金罍山庄,浙江上虞(今浙江绍兴)人。他可是地道的绍兴人。

在2016年年末,西泠印社和浙江省博物馆联合举办了"金罍野逸——徐三庚书法篆刻展",以纪念徐三庚诞辰190周年。在留存的史料中,关于徐三庚的生平介绍极少。但是,从仅有的资料与徐三庚的书法篆刻作品中,我们能够大概勾勒出这位清末著名篆刻家、书法家的一生。

(一)欲入道门终不得,书画篆刻伴此生

"徐三庚于道光丙戌岁后浴佛十日生",这是童衍方先生收藏的一方徐三庚刻的自用印,这正补全了史料中缺失的关于徐三庚生日的记载——浴佛日是农历四月初八,徐三庚生于浴佛日后十日,即农历四月十八。徐三庚自幼家

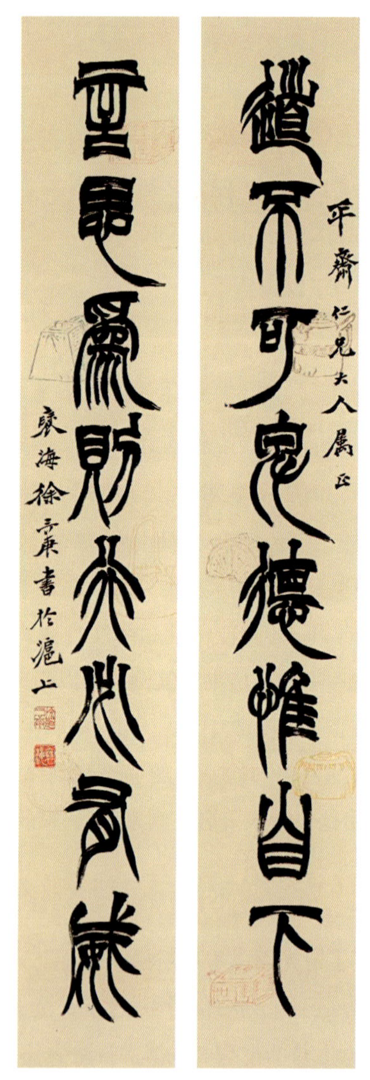

篆书道不言思联

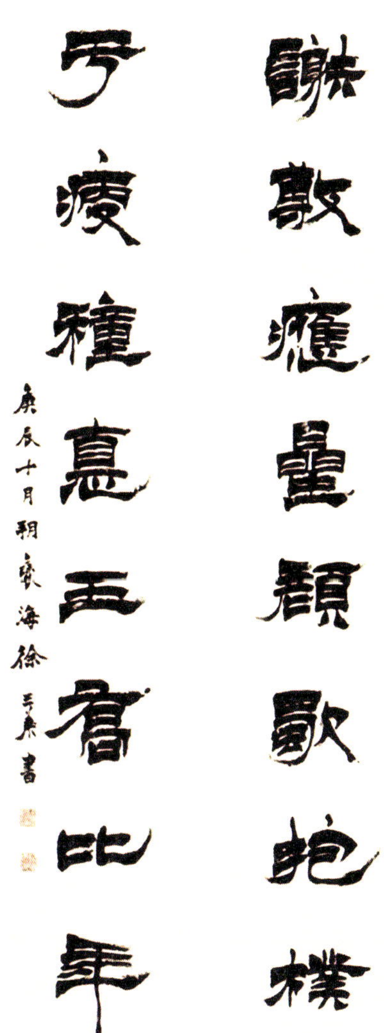

隶书谢敷于瘦联

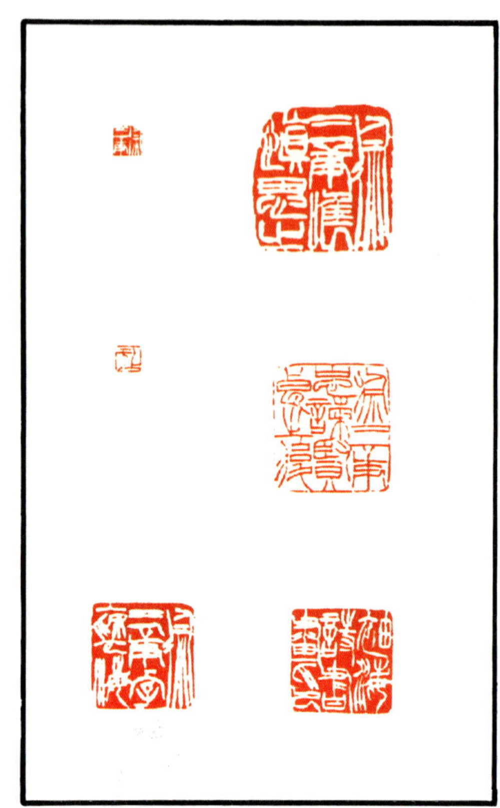

三庚篆刻选

境贫苦，为了维持生计，他不得不入道观打杂。

徐三庚在道观打杂期间，一个道士教授了徐三庚书法和篆刻。在道观中，徐三庚步入了书法篆刻艺术的门径。这时候的小徐三庚，还在道观前扫着地、道观的后山捡着柴火。他或许会在仰望星空之时，幻想自己的未来：成为一个远近闻名的道长，各大乡绅都奉他为座上宾，而现在学的笔墨技巧，也会成为描符的工具。当然，在小徐三庚做着美梦、流着口水的时候，肯定不知道，他这一生，都会与书法篆刻联系在一起。

在道观的日子虽然充实，但是弱冠之年在道观打杂获得的报酬，远远不够支持日常的花费。所以在二十出头的年纪，徐三庚离开了生养他的绍兴，开始游历各地。他先后到过嘉兴、杭州、宁波、北京、天津、香港、广州、苏州等地，其中寓居浙江和上海的时间最久，在游历中，他结识了很多达官显宦、书画家、篆刻家、鉴赏家等。并且在游历的过程中，他还先后为徐树铭等三位官员做过幕宾。可见，在书画篆刻艺术之外，他还仍怀有入朝为官的抱负，不过，他在做幕宾期间目睹了官场人际关系的复杂、人心的险恶，加之他从小在道观长大，养成了比较自由的天性，根本适应不了官场束缚的生活，徐三庚最后还是离开了。

袖中有东海

花好月圆人长寿

在徐三庚现存的书画篆刻作品中，我们常能看到在他在三四十岁这个时期以“荐未道士”“金罍道士”这样的名号自称。虽然在这时，徐三庚已离开自己打杂的道观数十年之久，但是，可能在徐三庚的心里，还是会怀念那段躺在道观后山数星星的时光。不过，欲入道门而不得，徐三庚最终只能以书画篆刻伴此生，在从前学会的两笔三墨中，找寻属于自己的“道”。

（二）书画聊果腹，袖中有东海

“名人书扇……徐三庚行书，六元；书画团扇……徐三庚行书，八元。”这是《申报》刊登的徐三庚润格。那一个大洋换算到现在是多少钱呢？根据考证，在1914年的上海，一块大洋可以买44斤大米。对比现代大米价格的话，换算下来约等于145元人民币。论其购买力，在那时更是厉害：在1914年的上海，拿一块大洋下馆子，可以吃四五道菜的套餐，全是牛扒、烧鸡、火腿等“硬菜”。1917年时，北大新入职的青年教授，哪怕每顿都吃“两碟菜一碗汤”的精品餐，每月也花不到九块大洋。甚至北洋时期的北京，六个人去东来顺涮顿火锅，也就花一块大洋。

徐三庚在周游全国之际，靠着售卖自己的书画篆刻作品为生。所以现存的徐三庚作品，较其他一些艺术家而言，算是存世较多的。正是因为其以售卖作品为生，所以庞大的数量下必然许多应酬之作，这些应酬之作算不上精妙，甚至有些可称之为“粗劣”，这也是后世有些人批评徐三庚

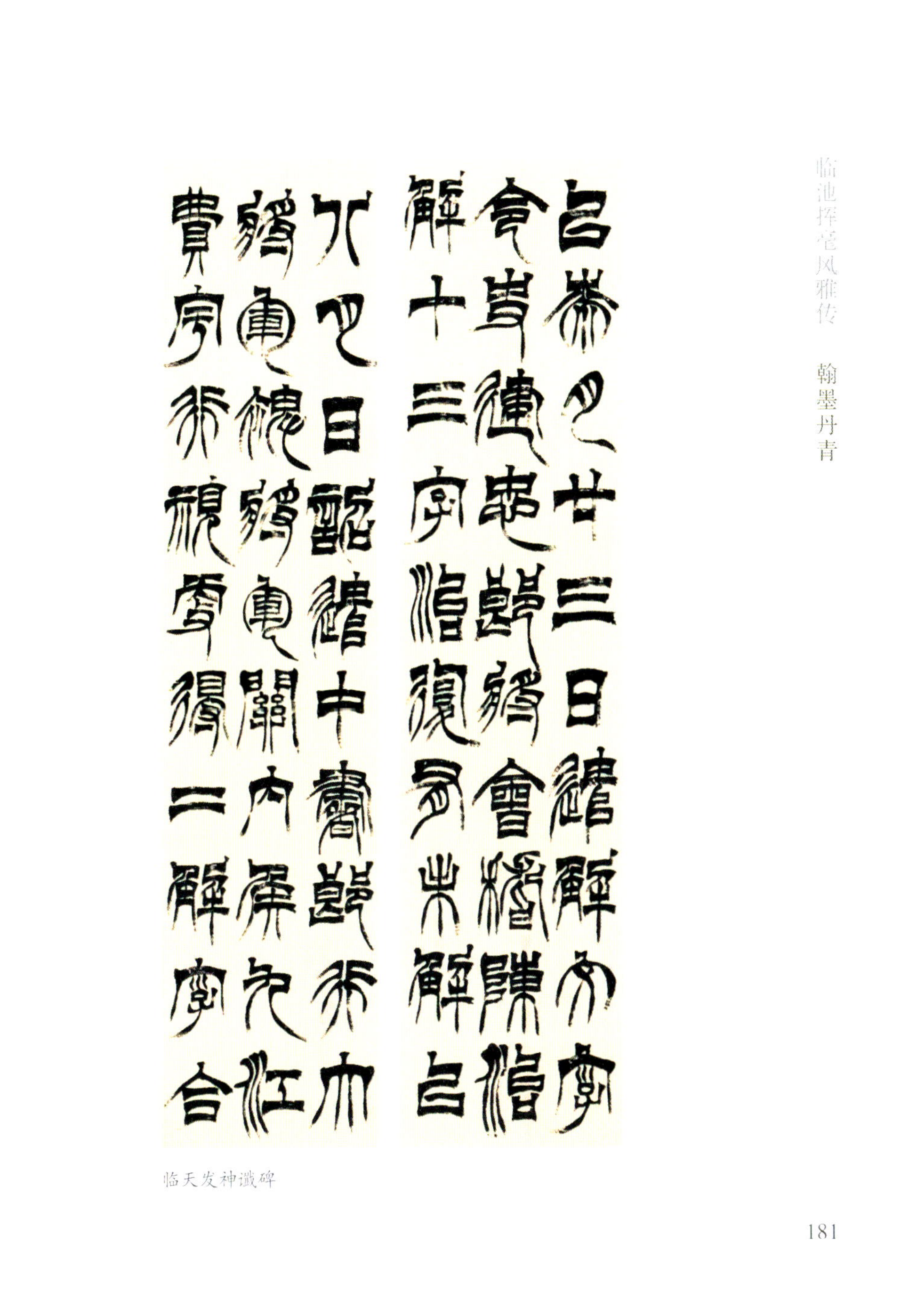

临天发神谶碑

的原因。但是这也不能怪罪徐三庚，毕竟每天炒菜的厨师，也有犯盐多盐少这种低级错误的时候。

虽然在很多艺术家眼中，拿自己的作品去换取碎银几两然后填饱肚子，这样的行为是令人不齿的，因为中国传承千年的“文人风骨”并不支持这样的行为。但是这样的行为并非罕见，前辈王冕、陈洪绶都是先例，绍兴的艺术家向来都是很“接地气”的。在战乱频发的民国，能用手艺换取温饱是极好的。而且在碎银几两外，徐三庚仍是

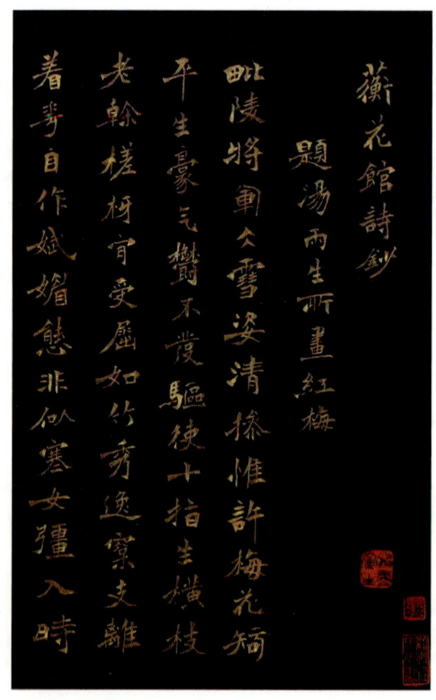

蘅花馆诗钞册

有很高的艺术追求的。这从他晚年自号"褎海"可以窥探一二。褎,即"袖"的古字,音同。徐三庚的友人曾说,他起这个号是因为自己的祖父有天晚上梦到上官文佐,而在做完这个梦之后,儿媳妇就怀上了徐三庚。上官文佐,即上官周,字文佐,号竹庄,长汀(今福建长汀)人。自幼聪颖,学识渊博,擅长诗文、书法、篆刻,尤精于画,是清代著名画家。但是,"褎海"与上官文佐到底有什么联系?徐三庚有一方印或许能解答一二。在《徐三庚印谱》中,有一方"袖中有东海"。"袖中有东海"出自苏轼的诗句:"我持此石归,袖中有东海。"这种合乎自然的旷达之感,是东坡人生的写照。而上官文佐能写诗,能写字,特别擅长绘画,所结交的也都是当时的名士。可以看出,上官文佐在生活之外,不仅精研自身所爱,更有交友上的节操,追求"谈笑有鸿儒,往来无白丁"。这与苏东坡的精神追求吻合。而徐三庚一生结交的大部分都是盛极一时的书画家、收藏家。其性格随和,又喜前往各地结识同好,每遇知音,往往不负嘱托欣然刊石相赠,并在印石边款上详细记录印主的斋名、创作的时间地点以及缘由等重要的信息。可能其自号"褎海",正表明他向往着苏东坡一样旷达的精神世界。

(三)吴带当风,远名东瀛

徐三庚书、画、篆刻皆能,但其最突出的成就是在篆刻方面。时人对徐三庚的篆刻有"吴带当风"的美誉。"吴带当风"原是中国画中的术语,指吴道子所画人物的衣袖、飘带，具有迎风起舞的动势，故有“吴带当风”之称。而形容徐三庚的篆刻作品有“吴带当风”之感，也是因为其篆刻作品每个字流动性很强，有如被风吹起一般，富有动感和活力。

徐三庚在清代篆刻领域中，以其独特的风格风骚书坛。徐三庚之前，邓石如倡导“印从书出”，即印章是从书法中分化出来的，篆刻艺术中的用字、刀法都是与书法息息相关、不可分割的。而与徐三庚同时代的赵之谦则倡导“印外求印”，即篆刻艺术的取法要多元化，古镜上的纹饰、钱币上的文字、青铜器上的铭文等都可以成为篆刻艺术的取法对象。徐三庚很好地融合了两家的思想。当然现在并不清楚徐三庚和赵之谦之间是否有过互动，甚至不清楚二者是否认识，但是两人都不约而同地有着“印外求印”的思想。只不过徐三庚的取法对象并没有赵之谦广泛，所以当代人研究“印外求印”的思想还是以赵之谦的探索为主。同时，徐三庚也秉承着“印宗秦汉”的传统，大量临摹秦汉古印，同时学习邓石如、吴让之、丁敬等人，最终形成了自己独特的风格。

相较于徐三庚在国内的影响，其对于日本篆刻的影响更大。而徐三庚被日本书法篆刻界推崇备至的原因是多方面的。

清代后期，外国势力相继进入中国，这加强了清朝与国外的联系，使清朝与各国在文化、经济等领域的交流日益频繁。在书法领域，日本和中国的交流最为频繁。光绪三年(1877),清政府在日本设立了公使馆,掀开了中日书法交流新的一页。而杨守敬的日本之行,更是对中日书法交流起到了巩固强化的作用。

光绪六年(1880)三月,杨守敬在北京参加会试不中;同年四月,他应日本公使何如璋之请携家赴日。而赴日的同时,杨守敬带去了一万多件名碑拓片、书法作品、篆刻拓片等。杨守敬带去的一万多件作品,使日本书法家大开眼界,榊莫山在其所著的《日本书法史》中将杨守敬的影响称为"杨守敬的旋风",杨守敬也被称为"日本书道近代化之父"。光绪十年,在日本停留了四年的杨守敬返回中国,但他与日本书家之间的交流并没有终止。相反,很多日本书家乘兴来到中国继续研究北碑。

当然,这样粗略来看,杨守敬与徐三庚的书法作品传播并无关系,但是,这股"杨守敬旋风"吹动了日本人来中国学习书法篆刻的热情。圆山大迂是日本较早赴我国学习书法篆刻的书法家。他托朋友介绍,认识了当时在上海已颇负盛名的徐三庚,正式拜师徐三庚。而在徐三庚所有的日本弟子和再传弟子中,圆山大迂可谓最得其传,成就也是最高的一个。

在圆山大迂之后,秋山碧城也拜师徐三庚。在二人学成回国之时,带走了许多徐三庚临摹的经典碑帖,以及徐三庚创作的书法篆刻作品。这些作品到了日本之后,随着二人的传授,影响了一批日本书法篆刻家。

（四）尾声

在道观后山山坡数星星的小徐三庚不知不觉地睡着了，夏夜的蝉在月光下细细地低鸣。蚊子“嗡嗡”叫着，好在他身上涂抹了那道士秘制的草药，蚊子怏怏地飞走了。远处树林里，萤火虫扑闪着，这些荧光好像随着夏夜微凉的风，一点点流动着。

出师表

小徐三庚好像做了一个很长的梦，梦到自己走遍了全中国，见到了好多志同道合的伙伴，他也梦到自己最后真的成名了，不过好像不是道士，而是个书法家？他的口水一点点流出来，梦里他挣到了好多好多银子，带着自己的师父把这个破破的道观修得好大好大，还有皇帝亲自题写的匾额，衙门的官老爷们都排着队过来祝贺……

东方已经泛起了鱼肚白，丝丝日光袭来，好像正砸到了小徐三庚的额头。“完了啊，再不去出早课师父又要骂人啦啊啊啊！”徐三庚从地上弹起，飞奔回到了那个破旧的道观内……

赵之谦:归舟恰入艮山门

赵之谦(1829—1884),浙江会稽(今浙江绍兴)人。初字益甫,号冷君;后改字撝叔,号悲庵、梅庵、无闷等。清代著名书画家、篆刻家。与吴昌硕、厉良玉并称“新浙派”的

铙歌册

代表人物，与任伯年、吴昌硕并称“清末三大画家”。自幼读书习字，博闻强识，曾以书画为生。参加过三次会试，皆未中。四十四岁时，任《江西通志》总编，任鄱阳、奉新、南城知县，卒于任上。

2023 年 12 月，浙江美术馆举办了“朗姿玉畅——赵之谦特展”，这场盛大、全面的赵之谦个展，不仅仅是纪念赵之谦在书画篆刻史上的杰出贡献，更是对其代表的绍兴书风、浙江书风的认可。

在本章，笔者就从赵之谦的三方篆刻作品讲起，带领大家进入赵之谦的人生和艺术世界。

（一）烽火连天家书贵，命途多舛号悲庵

这方印的印文是“三十四岁家破人亡乃号悲庵”。在这方印中，我们可以看到，从左往右第一列的“乃号悲庵”四字残破异常。我们仿佛能透过印文，看到赵之谦在刻制此印时，手紧紧握住篆刻刀，用力在石头上刻制，其悲伤之意“溢于石表”。那么赵之谦为何会“家破人亡”呢？发生

三十四岁家破人亡乃号悲庵

了什么事使赵之谦如此悲伤呢？

早在童年时期，赵之谦就是乡里远近闻名的天才。据文献记载，赵之谦两岁就能提笔写字，六岁就学习古代经典，九岁开始学诗，十岁后潜心学习宋学。十七岁时，他拜入同乡先贤沈复粲门下，跟随其学习金石之学。在此时，赵之谦的前途可谓一片光明，自身天资聪颖，加上所拜之师学识渊博，自家又是藏书之家，如果没有意外的话，此生应是前途无限。

不过，少年赵之谦的成长过程之中，穿插着命运对他的不公。赵之谦的父亲因为哮喘病的影响，只能终日卧床在家，而母亲在赵之谦十四岁时就撒手人寰。双亲的悲惨命运给少年赵之谦带来了很大的打击；不仅如此，十五岁时，其兄因为私仇遭到诬告，家庭破落。受制于家庭，赵之谦在十九岁时不得不外出谋生计。

十九岁这年，赵之谦迎娶了他此生唯一的正妻——范璥。在之后，范璥在家操持家务，赵之谦在外开馆授徒。虽然开馆授徒只能勉强维持生计，但是夫妻二人相濡以沫的日子，也是平淡中透着温馨。

二十岁这年，赵之谦考取了秀才，虽然比不上历史上那些著名的神童，但是也算同辈人中的佼佼者。同年，赵之谦遇到了此生的伯乐——缪梓。

缪梓很欣赏赵之谦的才华，并且大约在道光三十年(1850)，邀请赵之谦入幕，协助处理一些文案笺奏之类的工作。缪梓政绩出色，仕途亨通，因此缪幕中事务并不繁重，甚至可以称得上轻松。所以在处理完分内之事后，幕府的几个人会一起探讨学问，而探讨的内容中大多是金石之学。

在幕府的几年，缪梓时常会点拨赵之谦的学问，而在与同僚们的交流中，赵之谦也收获颇多。在从缪幕出来后，赵之谦尝试考取乡试，最终在第三次考试时中举。

这时的赵之谦可谓春风得意马蹄疾，正值人生的黄金时期，不仅遇到了一位学识渊博又刚正不阿的老师，还有一众志同道合的同僚，并且获得了举人的头衔，这在封建王朝可谓前途无限。假以时日，定能在官场中打拼下一番事业。不过，一场战乱打破了赵之谦前程似锦的生活。

考取举人的次年，杭州被太平天国攻陷，赵之谦为躲避战乱，辗转余姚、绍兴、温州等地。在战乱中，赵之谦的恩师缪梓殉国，当时还在绍兴的赵之谦接到恩师的死讯，悲恸不已。而在此时，时任浙江巡抚的王有龄把杭州城破的责任全部嫁祸到缪梓父子身上，于是，刚得到抚恤的缪家就被收回抚恤。而迫于王有龄的淫威，没有人敢为缪梓平冤。赵之谦悲愤交加，却又无法为恩师报仇。

赵之谦并没有在家乡绍兴停留过久，恩师缪梓去世之后，缪幕就解散了。迫于生计，赵之谦在温州瑞安一带找了一个临时差役的活计。

在前往瑞安的同年五月，赵之谦收到了妻子的信件。妻子在信中说，赵之谦长兄赵烈的长女已经出嫁，而为了躲避战乱，自己带着三个女儿和赵烈的子女前往娘家附近避乱。赵之谦不知,这是他一生中收到的最后一封来自妻子的信。

年底,赵之谦听从友人的建议,前往福建福州。在福州,赵之谦迎来了新年的钟声。可是,虽仅与窗外的热闹一墙之隔,但是赵之谦却无法共情:在本该团圆的日子,自己与妻女分隔两地,也不知道妻女是否安全,是否受到战乱的侵扰。本应热闹的餐桌,只留下赵之谦一人。

来到福州不久,赵之谦竟然遇到了阔别多年的长兄赵烈。相别七年,赵烈已经被生活沧桑了面孔。在茫茫人海中,赵之谦与兄弟重逢,却不敢相认。握手之间,赵之谦无法把面前这个人与自己印象中意气风发的兄长重叠起来。

四月,赵之谦收到了久违的家书。可待他拆开信件,映入眼帘的并不是熟悉的笔迹。他心里慢了半拍,细细阅读,眼泪打湿了信纸。信中提到,与赵之谦相濡以沫的妻子在此年二月因病离世,自己的二女儿和三女儿也相继离世,只剩下了大女儿。比黑发人送白发人更悲伤的,就是白发人送黑发人。想到离别之时,赵之谦与妻子约定好,她要在家里好好的,等到赵之谦回家,会给她一个更好的家。想不到,这一别就是永别。上一年妻子给赵之谦带来喜讯的家书,竟是与妻子的最后一次交流。赵之谦从此改号悲庵,并且自刻一方悼亡印——“三十四岁家破人亡乃号悲庵”。

(二)京城再续金石缘,宦旅江西难归乡

此方印是赵之谦送给友人潘祖荫的斋号印,印文是

赐兰堂

“赐兰堂”。此方印的款识中，赵之谦刻下了这一句话：“不刻印已十年，目昏手硬。”从潘祖荫写给友人的信札中可以知道，在刻制完这方印不久后，赵之谦就因病离世了。那么在太平天国平定之后，赵之谦经历了什么？为什么在生命最后的十余年中，赵之谦选择不再刻印了呢？

在太平天国被平定之后，赵之谦北上京城。在京城，赵之谦遇到了久别的幕府同仁——胡澍，还有与其同年中举的朋友、收藏家沈树镛。而在赵之谦入京后几月，好友魏稼孙也自闽入京，四位同好正式聚首。四人以金石为好，主要研究汉碑和南北朝碑。锦上添花的是，客居京城期间，赵之谦的恩师缪梓终于得到平反，朝廷下令返还对缪梓的抚恤和嘉奖，赵之谦欣喜若狂，清点了旧稿，刻了《雪忠录》纪念恩师。

当然，京中之旅并不是一帆风顺。赵之谦与好友胡澍一同参加了会试，但是两人双双名落孙山。而同年，赵之谦的得意门生钱式因病去世，去世时年仅十九岁。

但是瑕不掩瑜，在京城客居一年半载，赵之谦度过了后半生最快乐的时光。两三知己好友,一起研究喜爱的金石学问,虽生活贫苦,却乐在其中。之后,赵之谦回到了家乡,帮自己的女儿说了一门婚事,并且再次准备会试。不过,在后两次的会试中,赵之谦均落榜。在两次会试之间,赵之谦的哮喘疾病反复发作,身体每况愈下。第二次会试落榜后一年,陪伴赵之谦半辈子的知音胡澍因病去世,年仅四十八岁。消息传到杭州,赵之谦悲痛不已。

同年,赵之谦用卖书卖画攒下来的钱,加上友人们的资助,捐得了一个官。在赴任之际,赵之谦立下誓言,要做一个勤奋务实的好官。在任上时,他只能暂时放弃自己所喜爱的金石篆刻之学。

赵之谦上任江西,主持编撰《江西通志》。而在此时,赵之谦的另一个好友沈树镛也因病去世,年仅四十二岁。在江西任上,赵之谦哮喘病的复发愈发频繁。而“京城四友”中的另一位魏稼孙也先赵之谦一步离去,享年五十四岁。

年少双亲见背;青年又逢战乱,恩师殉国;中年贤妻双女在战乱中离去;晚年又看着自己的知音一个个离开,赵之谦的一生充满着离别的痛楚。在江西宦游期间,赵之谦辗转南昌、鄱阳、奉新、南城等地。其后任的鄱阳、奉新诸县,不仅经济落后,而且当地官僚派系错综复杂,往往是赵之谦刚刚理好思绪,就被派往下一个地方任职。长期的奔波,加上时不时复发的哮喘,赵之谦实在是疲于奔命。

在一个平静的秋夜,赵之谦闭上眼睛,眼前好像出现了自己久别的父母，还有自己的恩师缪梓，自己好像又回到了意气风发的青年时期，自己的妻子牵着两个女儿，女儿还是那么可爱，跟自己记忆里的丝毫不差。眼前恍惚，胡澍、魏稼孙拉着一个小车朝自己走来，后面帮着推车的不正是沈树镛吗？车里是他们曾经一起研究的拓片、残石。赵之谦眼里含着泪，朝着自己的家人好友们缓缓走去。

光绪十年(1884)，哮喘复发的赵之谦因心率衰竭卒于任上，享年五十六岁。

赵之谦在人生最后的十余年中，放弃了自己喜爱的金石篆刻，只为了去做好一个“芝麻小官”，只为了自己理想之中的仕途。可是，十余年间，在黑暗沉重的晚清官场，赵之谦无法施展自己的伟大抱负。十余年光阴的蹉跎，在当下的我们看来代价实在过大，可是，封建礼教之下，又有多少人能够摆脱呢？

（三）二王以外始知书，汉后隋前有此人

此方印的印文是“汉后隋前有此人”。这不仅仅是赵之谦的艺术追求，更是赵之谦艺术人生的写照。那么，这

汉后隋前有此人

许氏说文叙

三略八屏

个“汉后隋前”又是指代什么呢？赵之谦的艺术追求又具体指什么呢？

赵之谦的书法篆刻艺术在中国书法史上独树一帜。他早年以颜体入书，而至京城以后，赵之谦大量接触金石拓片，遂把目光转向了汉隶及南北朝时期的碑刻。

赵之谦生活的晚清，正是中国书法观变革的重要时期。当时，阮元的《北碑南帖论》《南北书派论》都已完成，包世臣的《艺舟双楫》也已经面世，而康有为开拓性的碑学著作《广艺舟双楫》尚待出版。此时的中国书坛处于碑学的生成期，赵之谦对于碑帖之别有自己的见解。

赵之谦早年学书从颜真卿等帖学名家入手，而自从十七岁跟随沈复粲学习金石之学后，对于书法的见识更为广阔。赵之谦对于魏晋以来的二王帖学系统并无抵触之意，但是他对于当时的帖学学习并不看好。第一，赵之谦与康有为有着同样的观点，认为当时所谓二王墨迹，基本上都是唐人的临摹本；而大部分刻帖，都经过无数人的反复锤拓勾勒，已经与二王真迹相去甚远。不过，赵之谦对于精良的二王拓本仍是喜爱非常。他曾经到同乡朋友家，看到了一本唐代拓的《兰亭集序》，所用纸墨都是绝品，加上唐代的兰亭刻碑仍然保存完好，造就了这个质量奇高的拓本。赵之谦从朋友家离开后，每每想到这个拓本，都有想研墨作书的感觉。第二，赵之谦觉得许多人张口闭口就是“二王”，但很多人甚至连二王刻帖的拓本都没见过，只知道人云亦云，没有一点自己的思考。大多张口闭口就是二王的人，一下笔却和二王相去甚远。

赵之谦客居京城时，接触到大量的金石拓片，这极大地开拓了赵之谦的视野。赵之谦在这些材料中，尤其喜爱北朝的《石门铭》《张猛龙碑》及龙门四品等。于是在很短的一段时间内，赵之谦的书写风格就从早期的颜体转变为我们当下熟悉的魏碑体楷书。而在长期的实践中，赵之谦还把魏碑的元素融入篆书和隶书的创作中，并且以魏碑入行草，在行草书中加入了很多碑刻的神韵。

当然，对于这一时期赵之谦的作品，学界褒贬不一。由于赵之谦的笔法体系早期仍偏颜真卿一类，以中锋行笔，辅以少量侧锋。所以赵之谦想模仿刀刻的感觉，只

阴德明堂联

凡耕之本在于趣時和土務糞澤旱鉏穫春凍解地氣始通土

齐民要术

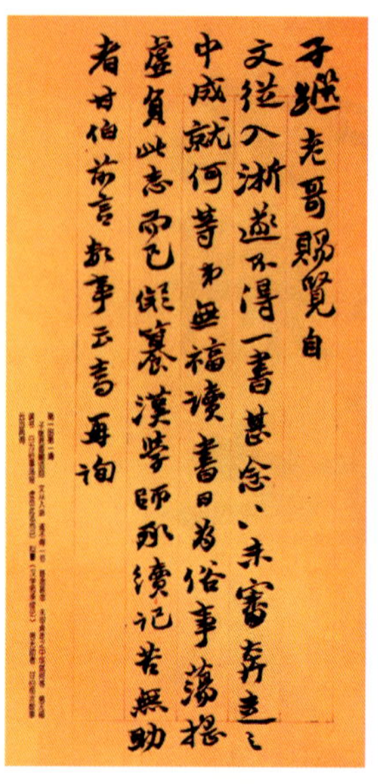

手札一则

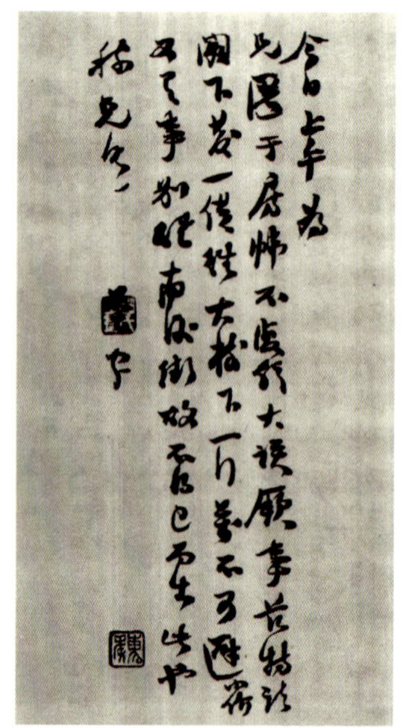

手札一则

能描摹头尾，部分人批评赵之谦矫揉造作就是由于这个原因。

不过，赵之谦返乡之后，打破了碑帖之间的限制，既有二王的轻快明丽，又有碑刻的厚重古朴，这从他遗留下来的大量行书书信中可以看出。这时，赵之谦的书法艺术达到了巅峰。而关于赵之谦的篆刻，同样也是清代书法篆刻史上浓墨重彩的一笔。赵之谦出生于会稽，早期学习丁敬一脉的浙派刀法，再后来学习邓石如的皖派刻法。他很好地继承了邓石如“印从书出”的篆刻思想，在发展出具有自己特色的篆书风格后，很快将其运用到了自己的篆刻作品之中。并且，在邓石如的基础上，他还提出了“印外求印”的观点，摩崖刻石、古泉铜镜、钟鼎铭文等都是赵之谦取法的对象。在正文以外，赵之谦还极大地拓展了篆刻边款的艺术。在赵之谦以前，大多都是单刀或双刀的印文边款，而赵之谦创造了阳文魏碑边款、造像边款等形式，将原本只是记年记事的边款提升为篆刻艺术的一部分。

不过，可惜的是，在宦游江西之后，赵之谦选择了息刀，不再篆刻。赵之谦的盛年息刀也成为中国篆刻史上的遗憾。

由此可见，赵之谦的“汉后隋前”指的就是师法魏晋南北朝时期留下的碑刻艺术，而以北朝墓志造像为主，其书法融合颜体、魏碑于一身，以自己独特的楷书风格书写篆隶及行书。

赵之谦的书法、篆刻艺术起到了承前启后的作用，他独具风格的书体，正在现代书法的视角下，在展览中闪闪发光。

04 民国时期

罗振玉:潜心甲骨大学问

罗振玉(1866—1940),字叔蕴、叔言,号雪堂,晚年自号贞松老人、松翁,又称永丰乡人、仇亭老民。祖籍浙江省上虞县永丰乡(今浙江绍兴)。他是我国著名的甲骨文研究专家,也可以说是甲骨文研究的奠基人。著有《五十日梦痕录》《殷虚书契前编》《殷虚书契菁华》《铁云藏龟之余》《殷虚书契后编》等。是著名的甲骨"四堂"之一。

罗振玉从小便是十里八乡有名的神童,天资聪颖,对文字、书法、古器都十分敏感。着迷于古董古玩的罗振玉

二万石斋

墨缘

在民间也留下了一些好玩的故事。

（一）购假画

我们都知道张大千是和罗振玉同时代的大画家，后世对张大千褒贬不一，有的人认为他绘画技法十分高超，所作的画不但逼肖古人，甚至比原作还更像原作，因此特别推崇他的作古画的才华。但是有的人，比如启功先生，就觉得他作假画没有文人风骨，不值得提倡。据说有一次，一幅唐伯虎的画几经转手到了罗振玉手上，罗振玉花了很高的价格买下了这幅画。他对这幅画视若珍宝，爱不释手，举办了一个私人的鉴赏会。而这次也邀请到了这幅“真迹”的作者张大千。在品鉴会结束后，张大千隐晦地说，这幅唐伯虎的画出自自己的手，罗振玉瞬间觉得自己的钱花得太冤枉了。但经过此事，罗振玉也十分佩服张大千的绘画技术。据说后来，罗振玉又找张大千，买了几幅他的画以珍藏。

（二）甲骨收藏家

大收藏家都有看走眼的时候，如果说罗振玉在书画上算是殿堂级爱好者的话，那么在甲骨的收藏上，他可算得上是首屈一指的“骨灰爱好者”。

作为甲骨文研究的开山祖师、甲骨“四堂”之一的罗振玉，要想研究甲骨文，第一步肯定是得有甲骨，不然上哪里开展研究？所以罗振玉的第一步就是收集大量的甲骨。甲骨发现后的第一个十年中，只出版了三部甲骨学著作。罗振玉第一次见到甲骨之前的几个月，他应聘到湖北、广东、江苏从事教育工作，并兼职整理《教育世界》杂志及农书，根本无暇顾及甲骨文研究。但是当罗振玉在上海初次见到了甲骨，在惊诧之余，便决心肩负起搜集、流传的责任。有人说，当时的甲骨都被卖到各地的中药店里面去了，因为许多动物的骨骼是能入药的。

罗振玉在1909年曾让自己的好友祝继先、秋良臣两人去安阳小屯收购甲骨，后来他妻子的弟弟范恒昌也去了，但是他们一行人只收取字多的甲骨，不取字少的甲骨。罗振玉对这样的做法很不满意，因为甲骨不管字多字少都有研究价值。于是罗振玉决定，不管是字多的、好的甲骨，还是字少的、看不清的甲骨，他都要尽最大可能一律全收。

罗振玉的弟弟罗振常也是一个金石甲骨的骨灰级爱好者，他听说这件事情后，自告奋勇，告诉哥哥说，他一起去。为了甲骨文研究，他也一定会按照哥哥说的去做，宁可多收不少收。我相信，当时的他们肯定和罗振玉买画一样，也收到了很多假货。但是为了研究，他们没有放弃，毕竟甲骨原件的数量是研究甲骨文的前提。

宣统三年(1911)二月，他们兄弟两个便出发了。后来罗振常将此行经历写成《洹洛访古游记》，这也是实地考察安阳古城的一部著作。罗振常的小屯之行，属于罗振玉第二次去收购甲骨，两次所得共约三万片，积累了一大批珍贵资料，其中包括不少精品。这次旅行，由于罗振常很明确地提出收购甲骨要做到“其关系古学，则大小同等，初无二致”，所以对有重要意义的碎片也是“一网打尽”，应收尽收。

农历八月，辛亥革命爆发，十月罗振玉东渡日本。无

歷事三聖而厥德維懋易相二十而受遇益深蓋剋復上都者再戡定東京者一其餘麾城摲邑得儁摧鋒亦非遽數之所周也信可謂王國虓虎生人蔭麻者歟

節臨郭敬之家廟碑銘 貞松羅振玉

节临石鼓文

节临郭敬之家庙碑铭

奈之下,他只能将这些辛辛苦苦收购来的甲骨送人保管。但辗转运输和检查之后,有五六成甲骨已经毁坏了,幸好特殊的甲骨还有拓片留存。这件事情更增加了罗振玉的紧迫感,虽有"斯世谁复有读吾书者"的忧虑,却仍然没有减缓刊正资料的速度。因此收藏家罗振玉又开始从更大范围、以更大力度去收集甲骨。对于罗振玉搜集古物的热心,弟弟罗振常曾有"嗜古若渴"的评价,然而在这"嗜古"痴迷的背后,罗振玉给传统国学注入了新的生命。

有了收集来的甲骨,接下来就是开始研究了。都说人生最幸福的事情是能够做自己喜欢的事情,把兴趣爱好发展为工作。对于天资聪颖的罗振玉来说,他就是那个幸福的人。研究学习的路程肯定是艰辛的,罗振玉付出了很多时间考证,参考了许多书籍,慢慢地形成了自己的甲骨文研究方法。

(三)甲骨文研究家

罗振玉使用的方法,在《殷商贞卜文字考》中提到,正是将考史与释字结合起来考察。他尝试着释出二三百个甲骨文字,除了一批基础的、容易释出的字外,"一些关键性的字,如贞、王、隻(获)、巳、亡、𢆶等等也被突破",这就使卜辞"粗粗可以通读了"。在这个基础上,罗氏对他这一考释成果不断校改,在《殷商贞卜文字考》手批本的书眉上,记下了很多修改意见。

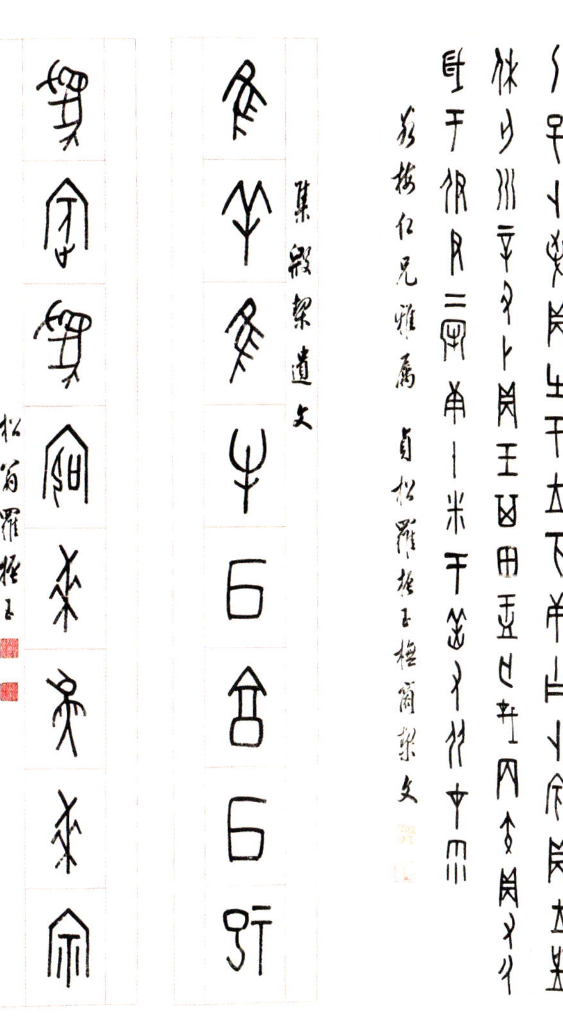

甲骨文八言联　　　　橅殷墟贞卜文字

随着新知识的积累，1913年前后，他草成《殷商贞卜文字》卷上手稿（未刊），在该书的自序中，罗振玉写到考释甲骨文有“三难”：一是关于商代史料的文献记载匮乏，二是卜辞的文句太简单和假借字有很多，第三是文字的结构不是很规范。

罗振玉研究甲骨不仅是对文本潜心钻研，还亲自考察甲骨出土之地；不仅收集甲骨，还收集、研究与甲骨同时埋藏的其他遗物，提出“古器物出土地于考古至有关系”的科学见解，这也正是他能居于甲骨文研究领域至高地位的原因。

从甲骨文的狂热爱好者到专业的甲骨文字学者，再到甲骨学的奠基人和甲骨书法的重要一家，他的一生与金石甲骨为伴，他肯定是无比幸福和快乐的。

徐生翁：风骨凛然有童心

绍兴书画有“三徐”，唐代徐浩，明代徐渭，近代徐生翁。

徐生翁（1875—1964），出生于浙江绍兴。早年因寄养外家，故名李徐，字安伯，号生翁。中年以李生翁书署，晚年始复姓徐，仍号生翁。

有人说，徐渭就是中国的凡·高，那么从另一个角度讲，徐生翁就是中国的马蒂斯（亨利·马蒂斯，法国著名画家、雕塑家、版画家，野兽派创始人和主要代表人物，代表作有《奢华、宁静与愉快》《生活的欢乐》《开着的窗户》《戴帽的妇人》等）。

可能很多人不知道徐生翁，但其实徐生翁在民国时就得到了当时大画家黄宾虹的认可：“以书法入画，其晚年所作画，萧疏淡远，虽寥寥几笔，而气韵生动，乃八大山人、徐青藤、倪迂一派风格，为我所拜倒。”20世纪20年代出版的《中国现代金石书画家小传》第一集，评述徐生翁:“大江南北,佥称先生所作古木、幽花,自成馨逸,金石书画,横极千秋,前无古人,后无来者。”黄宾虹先生所认可者寥寥无几,而徐生翁能令黄宾虹说出这等话,可见其水平之高。

(一)近代隐士

徐生翁数十年都未曾离开过绍兴,这一点很像德国古典哲学家康德,但这并不妨碍他书画方面的见识。徐生翁的第一位老师是颜真卿。颜真卿的书法在我国流传非常广泛,很多地区的蒙学都以颜真卿的楷书为书法学

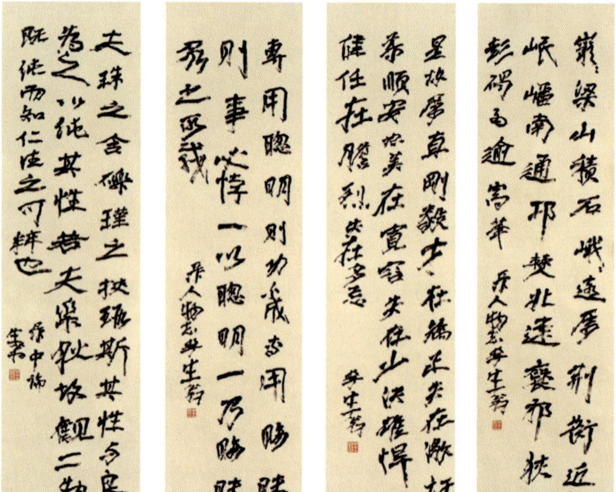

行书四条屏

行书五言联

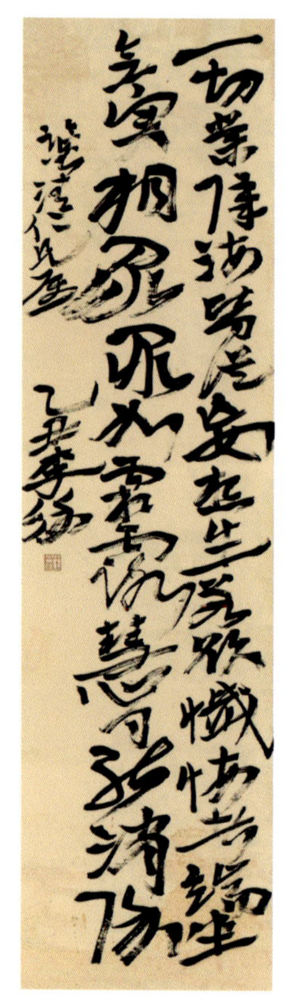

行书条幅

楷书条幅

习的范本。颜真卿楷书丰腴雄浑，结体宽博而气势恢宏，骨力遒劲而气概凛然。这些深深地影响了徐生翁。学书法如果一直都在唐楷里遨游当然很好，可是会觉得法度太严不容易走出来。徐生翁得到当时绍兴著名诗人、书法家周季贶的指点。周星诒(1833—1904),字季贶,山阴(今浙江绍兴)人,有说是祥符(今河南开封)人。星诒工诗,好为近体,多真挚语。有《窳櫎诗质》《瑞瓜堂诗钞》传于世。由学习颜真卿上溯至汉魏六朝碑刻,这一学书途径的转换,使徐生翁眼界大开。他看到了汉字在唐楷之前的多姿多态、妍丑相杂、逸趣横生。后来,徐生翁的好友张钟湖又送给他一本书《流沙坠简》,徐生翁的眼界再一次得到了开拓。就这样,虽然数十年没有离开绍兴,但徐生翁的书画视野却越来越宽,外师造化,内法心源,他的书画有了独属于他的个性。徐生翁一生大部分时间都待在绍兴,悉心钻研书画艺术,偶尔也卖字鬻画。他为人朴实正直,不喜与官场人士往来,颇有一种隐士风度。

(二)操守

民国初年,军阀赵倜虽然远在河南,但他听闻徐生翁的大名,就想向徐生翁索要书画。遭到拒绝后,他就花重金来购买。其实不是钱的问题,而是徐生翁知道赵倜是袁世凯的帮凶,根本就不买他的账。日军侵华后,很多亲友劝徐生翁往内地躲避,徐生翁早将生死置之度外,坚持留在绍兴家中。日寇、汉奸陆续有来索要字画者,徐生翁以耳聋目盲为由拒绝了他们。在这段时间里,他分别画了荷花、梅花送给他的好友,并且题上“不污”以明己之志,并且勉励朋友。事情被汉奸获悉后,他们伺机报复,后来杀害了他的爱子徐翁旦。在那一段艰难的日子里，徐生翁闭门谢客，与妻儿靠糊火柴盒度日，并且一家人开辟荒地耕种，自给自足。抗战胜利后，绍兴的一名国民党要员五十大寿，以重金向徐生翁索写寿屏，徐生翁以草野之民不登大雅之堂为借口，再次拒绝书写。这几次拒绝，铮铮傲骨毕现，其无畏生死，令人仰止，足见人品高洁。徐生翁有隐士风度，却不是不分是非，而是爱憎分明。1939年3月，他热忱为因全面抗日而修建的越王勾践、范蠡、文种像题字。新中国成立后，他为绍兴府山革命烈士纪念碑题写了“革命烈士之墓”以及“徐锡麟纪念堂”额。此外，他还不顾自己年事已高，担任绍兴少年宫书画小组指导老师，为小朋友题写“好好学习，大天向上”。

1964年年初，徐生翁已九十高龄，自知不久于人世。一日，徐生翁的夫人发觉刚才还在房里的徐生翁转眼不知上哪儿去了，找遍各房间，仍未见徐生翁的身影，这可急坏了家里人。这时，从灶间的小窗口飘来一阵浓烈的烟雾，家里人赶忙过去，推开了门，只见房间烟雾弥漫，中间的一口大铁锅里满是纸灰，未燃尽的纸正冒缕缕青烟。原来，徐生翁在烧自己的作品，家里人询问为何如此。徐生翁泰然指了指已整理好，被放在一旁的作品说：“这些作品，我死后请交给人民政府；这几张，给几个子女留作纪念；另外一些我不满意的作品烧掉了。”此后没几日，徐生翁溘然长逝，绍兴社会各界为徐生翁举行了隆重的追悼会。

徐生翁先生那些充满童趣的作品如今正不断散发着笔墨香气，吸引着世界各地的书画爱好者来参观。

行书小品

鲁　迅:转益多师始天真

在绍兴这片土地上,有一个无法被忽视的名字,那就是鲁迅。鲁迅,原名周樟寿,字豫才,后改名为周树人,1881年出生于浙江绍兴,至三十八岁时才开始使用“鲁迅”这个笔名。他不仅是伟大的思想家和革命家,更是中国现代文学的奠基人之一。

人们常常沉浸在鲁迅描绘的文学世界中,往往忽略了他在传统艺术领域的深厚造诣。鲁迅不仅是一位思想家、文学家、革命家,还是中国现代史上杰出的书法家和美术家。他在《从百草园到三味书屋》中提道:“……用一种叫作‘荆川纸’的,蒙在小说的绣像上一个个描下来,像习字时候的影写一样。读的书多起来,画的画也多起来;书没有读成,画的成绩却不少了……”这段文字让我们窥见了鲁迅自童年起便培养了对美术浓厚的兴趣。在鲁迅的学生时代,他常将薄薄的荆川纸覆在书籍上,仔细摹画书中的绣像,表现出他对美术的热爱。若从美术、书法、版画和收藏等多个维度来看，我们便能更全面地理解鲁迅的多重身份，体会他在艺术领域的赤诚之心。

（一）家学与师承

绍兴这座城市，自古以来便是文化的沃土，从古越国到民国的几千年间，涌现出众多文化伟人。绍兴的兰亭因书圣王羲之而闻名于世，宋代的陆游、明代的徐渭等皆是书法名家。清代至民国时期，众多的书法名家出自越地。

在中国的科举制度中，一手好字是考取功名的重要条件，因此书法在官宦家庭中成为必修课。鲁迅正是在这样的家庭环境中成长起来的。鲁迅的祖父周福清，曾在鲁迅

行书致胡适札

出生前十年考中进士，后任内阁中书。他的父亲周凤仪也曾考中秀才，但因科场作弊案而未能升官。鲁迅的祖父对鲁迅影响深远，从鲁迅博物馆藏的祖父致鲁迅的信笺手稿中，我们可以看到其书法中带有欧体和章草的风格。

鲁迅在12岁时进入了绍兴城内最严格的书塾——三味书屋。他的老师寿镜吾是一位方正质朴、博学多才的人。他教鲁迅习字以欧体（欧阳询）为主，日课大字一张，数年从不间断。鲁迅还在家里用小楷抄写古文奇字，从小本《康熙字典》的一部查起，把上边所列的古文，一个个抄下来，订成一册。从那时起，在寿先生的教导下，鲁迅便打好了书法基础。时至今日，知道鲁迅的人，一定都知道那个“早”字的故事：一次，鲁迅因迟到受到批评，便在书桌上用刀刻了一个“早”字，这可以看作是他童年的“篆刻作品”。

从小热爱美术的鲁迅曾描述，他年幼时心爱的《山海经》是一本刻印都十分粗拙的本子，这本书的图像几乎全用直线凑合，然而这并未减少他对美术的热情。他用压岁钱购买了许多画谱，甚至用薄纸影描了《荡寇志》《西游记》等书中的插画。鲁迅的书画修养，使他对汉字的解读和书法线条的理解有着超乎常人的敏感。

鲁迅生活在中国新旧交替的时代，新文化运动使鲁迅喊出了“救救孩子”“传统吃人”的醒世真言。但是，他又不可避免地接受传统文化的洗礼，他拥有深厚的国学根基。在绍兴小镇的无数个早晨和黄昏，在三味书屋中，他临习了不同时代和版本的碑帖。那时候，书法家还无法成为一种职业，他想当一名医生，悬壶济世，拯救生命。然而，命运因现实发生变化，他没有成为医生，却成为我们民族卓越的思想家、文学家、书法家。

鲁迅的书法与乾嘉学派密切相关。乾嘉学派的重要代表人物章太炎在书法方面有很高的建树，他的书法对鲁迅产生了很大影响。鲁迅珍藏了章太炎赠予他的书法条幅，显示了鲁迅对章氏书法的钦佩。章太炎擅长篆书，他的书法作品在当时颇具影响力，鲁迅的书法更是受到了章太炎先生的直接熏染，因而他的书法风格在民国时期能独树一帜，成为书法界一道亮丽的风景。

（二）北平抄碑

用毛笔抄书，是鲁迅与书法建立关系的一个途径。他早年抄写过很长时间的古碑，并热衷于搜寻碑帖拓片。他的书法，主要分为两大类，一类是有意为之的书法作品，尺幅较大，此类作品以定居上海十年时期的居多；另一类系文稿，包括书信、日记、著作稿和抄校稿等，此类墨迹更能反映出鲁迅率意书写和自然随性的笔墨意趣。

鲁迅于 1912 年到了北平，出任中华民国临时政府教育部的科长。在北平的岁月里，鲁迅逐渐成为碑派书法家。鲁迅于 1912 年 5 月 5 日抵达北平，10 日便开始工作。他在日记中写道："晨九时至下午四时半，至教育部视事。枯坐终日，极无聊赖。" 1917 年除夕，鲁迅在日记中写道："旧历除夕也，夜独坐录碑，殊无换岁之感。" 此时，正是鲁迅精力旺盛的时期,时局动荡,政局多变,教育部并无多少工作,长夜孤灯,鲁迅把他的精力投入到中国古籍的辑录、整理、勘正、编辑中。工作之余,他经常到琉璃厂收购汉画像砖刻、拓片,达六千多种。从1912年至1926年,他在中华民国教育部供职的十四年间,书法创作和古籍校勘成为他生活的重要部分。整理古籍,是鲁迅少年时期的爱好。从1913年到1935年的二十多年时间里,鲁迅先生整理的古籍多达数千页。现存的这些手稿中,楷书、隶书、行书、篆书诸体皆工,一丝不苟。鲁迅的抄碑,不是临帖,而是汇集整理,但又有临写倾向。其校勘方法完全是乾嘉学派的"求本证源"之法。如此学识,使鲁迅对书法的鉴赏力达到相当高的境界。而他的书法,不仅受到了乾嘉学派严谨学风的影响,还融入了清代碑派的风格,形成了独特的艺术风格。

(三)"民国第一行书"

1919年8月,鲁迅买下八道湾十一号宅院;12月,他把一家人从绍兴接到北京。鲁迅一家,人丁不算少,八道湾十一号宅院成为周家院之后,变得很有生气了。他搬入八道湾后,便"一发不可收"地做起小说来。

鲁迅是用传统的毛笔,写世态炎凉,阅人间沧桑。从这一时期鲁迅的书信、日记及杂文手稿来看,可以清晰地感受到他的书法逐渐走向成熟,早期书法作品中若隐若现的欧、赵或章草的影子,已然被他独特的风格所取代。然而,令人遗憾的是,鲁迅的小说手稿,除了《故事新编》,仅存《阿 Q 正传》的残页，这些字迹变得弥足珍贵。

鲁迅是学贯中西的文化巨人，每一次书写，都是他内心情感的真实流露，时而激昂，时而淡泊，时而热情，时而冷静。他的毛笔在宣纸上流动，不仅仅是书写汉字，更展示了他广阔的心灵世界。他的文学与学术研究始终没有忘记对“人”的追问和关切，这种关怀同样贯穿于他的书

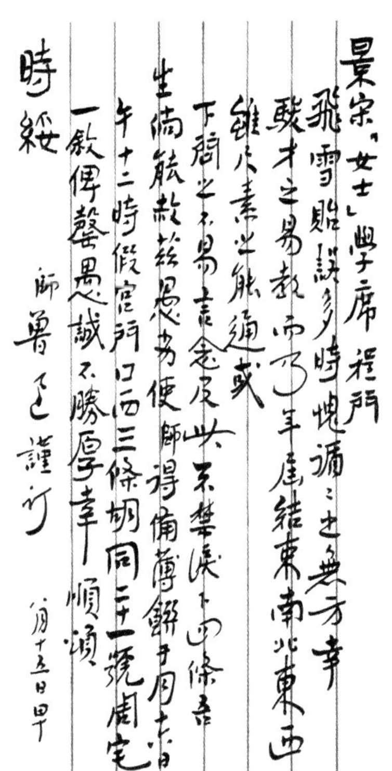
景宋"女士"學席 程門
飛雪貽誤多時愧循循之無方幸
駿才之易教而乃年届結束南北東西
雖尺素之能通或
下問之不易言念及此不禁淚下四條吾
生倘能赦茲愚劣使師得備薄餅于月十六日
午十二時假宮門口西三條胡同二十一號周宅
一敘俾罄愚誠不勝厚幸順頌
時綏
師 魯迅 謹訂 六月十五日早

致许广平札

法创作之中。在2007年7月的《鲁迅研究月刊》上，肖振鸣先生提出了一个引人注目的观点：鲁迅的书法应被称为“民国第一行书”。这一说法并非空穴来风，而是基于鲁迅在文化和艺术上的深厚积淀。

书法艺术需要量的积累，鲁迅的文稿、书信、日记以及译著的总字数超过六百万，均以毛笔完成，抄碑量也达到数百万字，这些都为他的书法技巧奠定了坚实的基础。在鲁迅的时代，书信是主要的沟通方式，他的书信手稿现存二千余通，每一封信都经过精心书写，布局讲究，绝无草率之作。鲁迅的信札随意而天然，行书中融入草隶，章法疏散而形神不乱，起笔落款则极为讲究。如此数量和书写质量在中国书法史上极为罕见，体现了他对每位受信人的尊重和良好的书写习惯。

尽管鲁迅自称“无心作书家”，但他的书法却自成一派，有自己的美学追求。中国的书法家通常以古人碑帖为起点，但真正的大家往往能够跳出这些传统框架。鲁迅对笔法、墨法并不过分讲究，对点画结构也不刻意追求，以平缓、舒朗的心态作书，既有帖的灵动，又有碑的厚重，略带隶书的趣味，尊重自己的现实情感和对传统的认知，达到了高度个人化的生命形态和精神风采。

职业书法家的创作多半是抄录古人的诗句警句，多半是在篇幅和形式上耗费精力；鲁迅则不然，他将自己的书法和诗歌结合起来，书法、诗歌、情感统一起来，恰当地表现出自己的人格和心理。鲁迅的书法是个性化的，是不能重复的，是鲁迅整体生命的客观表现。唯此一点，就使鲁迅书法进入不可替代的审美层次。

1926年，鲁迅来到上海后，应友人邀请，写了不少书法作品，多以楷、隶、行书相结合，形成了独特的艺术风格。最为人称道的一首《自题小像》："灵台无计逃神矢，风雨如磐暗故园。寄意寒星荃不察，我以我血荐轩辕。"已到炉火纯青、人书俱老的境界。

鲁迅为瞿秋白写的一副对联："人生得一知己足矣；斯世当以同怀视之。"全联十六个字，融楷、草、篆、隶于一炉，从字里行间透露出鲁迅和瞿秋白的真挚感情。

鲁迅的题字"莫可楷模"，不但在当时颇具影响力，也深受后人喜爱，因此，我们可以看到，许多大学校名、报头、书名都以鲁迅的字集结，显示出其广泛而深远的影响力。如果说，高度个人化是鲁迅书法的主体精神，那么，内在的生命力量则是鲁迅书法的灵魂。鲁迅的书法富有禅趣，这是作为书法家的鲁迅走向卓越的一个重要因素。鲁迅书法的禅趣表现在旷达、幽远、宁静、含蓄的格调之中。鲁迅的横幅《李贺绿章封事》是其代表作。鲁迅写了李贺的两句诗："金家香衖千轮鸣，扬雄秋室无俗声。"鲁迅以平淡恬静的心态，自然走笔，点画结构均同其精神节奏发生共振，看似相同的线条却展示出超逸、稚拙的品性，于无声处见精神、见气节、见性格。青源惟信禅师曾说：

老僧三十年前未参禅时，见山是山，见水是水。及至后来，亲见知识，有个入处，见山不是山，见水不是水。而今得个休歇处，依前见山只是山，见水只是水。

鲁迅的内心自悟，使鲁迅书法具备了禅趣，一方面体现了鲁迅大智若愚的处世态度，另一方面说明了鲁迅作为文化巨人对人生透彻的理解和觉悟。他用理性思考，他又觉得理性沉重；他以自己的禅趣书法又一次赞扬了感性生命的率真、执着，孩童的天性、单纯，他沿着这条清幽雅逸之路再次走向自由。

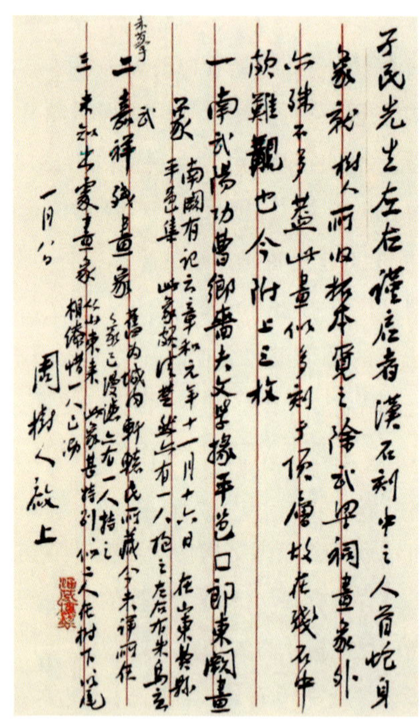

孑民先生左右：谨启者，汉石刻中之人首蛇身象，就树人所收拓本觅之，除武梁祠画象外，亦殊不多，盖此画似多刻于阙侧，故在石中颇难觏也。今附上三枚：

一、南武阳功曹卿啬夫文学掾平邑口郎东阙画象（南阙有记云章和元年十一月十六日，在山东费县平邑集。此象较清楚，并有一人抱之，左右亦未易言）

二、嘉祥武残画象（未有字）（在[illegible]城内[illegible]氏所藏，今未详所作。人象已漫漶，左右一人持之）

三、未知出处画象（似山东来。此象甚特别，似二人在树下，以尾相缭，惜一人已泐）

周树人敬上

一月八日

致蔡元培札

后记

从二王到三徐，从魏晋到明清，从道心到童心。本书虽体量不大，但里面介绍的前代书画家的生命却无比丰富，本书的叙述与介绍可谓挂一漏万，勉力为之。他们对山水的热爱，对书画的热爱，对生命的热爱，对造物者的感恩，深深地感动了我们。

艺术足以安顿生命，使生命得以超越时空，进入永恒。

本书虽为科普读物，旨在把绍兴的书画家介绍给更多的读者，然而撰写者未敢掉以轻心，以极认真的态度搜集资料，努力进入艺术家的生命中，和他们对话，希望在叙述他们外在的行迹时深入到他们的内心世界，从而由内而外地理解他们。至于有不合历史真实处，或与前贤所想有乖误处，只能恳请他们原谅了，当然也请读者包涵。我们这里的书写权作抛砖引玉，希望更多的读者因此能以更大的热情去关注他们，深入解读他们。我们也希望更多的读者透过绍兴的人文历史、书画艺术更深地进入中国传统艺术

中,从而树立深厚的文化自信。

我的朋友越秀外国语学院的周泽宇君、绍兴传媒的董晓晓君撰写了书稿的数章,还有我的学生姜凯峰、胡浩洋、许青戈和赵弃梦也参与了资料的搜集和书稿的修改。谢谢他们的热心与艺趣,有了这些新鲜心灵和笔触的加入,使本书不至于流于老气横秋的叙述之境。如果本书的面世对读者稍有裨益,那么我们会感到无比安慰。